Prof. Dr. Heribert Ostendorf (Hrsg.)

Kriminalität der Spätaussiedler – Bedrohung oder Mythos?

Abschlussbericht
einer interdisziplinären Forschungsgruppe

Nomos

Projekt und Druck wurden vom Rat für Kriminalitätsverhütung Schleswig-Holstein finanziell unterstützt.

Die Deutsche Bibliothek verzeichnet diese Publikation in der Deutschen Nationalbibliografie; detaillierte bibliografische Daten sind im Internet über http://dnb.ddb.de abrufbar.

ISBN 978-3-8329-2441-6

1. Auflage 2007
© Nomos Verlagsgesellschaft, Baden-Baden 2007. Printed in Germany. Alle Rechte, auch die des Nachdrucks von Auszügen, der fotomechanischen Wiedergabe und der Übersetzung, vorbehalten. Gedruckt auf alterungsbeständigem Papier.

Inhaltsverzeichnis

Einleitung 9

I. Begriffserläuterungen (Ostendorf) 11

    1. »Kriminalität« 11

    2. »Spätaussiedler« 12

    3. Die Verknüpfung der Begriffe 12

II. Gesetzliche Grundlagen für die Eindeutschung von Spätaussiedlern und für Integrationsmaßnahmen (Ostendorf) 14

    1. Eindeutschung 14

    2. Integrationsmaßnahmen 15

III. Zuwanderungsbilanz (Ostendorf) 17

IV. Umfang und Struktur der Spätaussiedlerkriminalität (Ostendorf) 20

    1. Tatverdächtigen-/Verurteiltenzahlen 20

    2. Gefangenenzahlen 24

        a) Strafhaft 24
        b) Untersuchungshaft 26

    3. »Haus des Jugendrechts« in Stuttgart / Bad Cannstatt 28

    4. Delinquenzbefragungen 29

    5. Drogenproblematik 31

    6. Anzeigebereitschaft 33

V.	Das Forschungsprogramm (Ostendorf)	35
VI.	Ergebnisse der polizeistatistischen Erhebung (Kronbügel / Ostendorf)	37
	1. Geringere Gesamtbelastung	37
	2. Deliktpräferenzen: Rohheitsdelikte und einfacher Diebstahl	38
	3. Problemgruppe: Junge Männer	39
	4. Keine Mehrfachauffälligkeit	39
	5. Einzeltäter überwiegen	40
	6. Später Beginn	41
	7. Wenige Straftaten gegen eigene Landsleute	41
	8. Zusammenfassende Ergebnisse	41
VII.	Spätaussiedler im Strafvollzug (Zunker/Ostendorf)	44
	1. Forschungsstand	44
	2. Gefangenenzahlen in Schleswig-Holstein	44
	3. Die Justizvollzugsanstalt und die Jugendanstalt Neumünster	45
	4. Die Untersuchungsmethode	45
	5. Die Vorgehensweise	46
	6. Ergebnisse	47
	a) Alter, Herkunft, Zuwanderungsjahr	47
	b) Deliktsstruktur	49
	c) Drogenabhängigkeit	51
	d) Schuldenlast	52
	e) Vorbelastung	53
	f) Vorherige Untersuchungshaft	54
	g) Voraussichtliche Haftdauer	56
	h) Schulische Maßnahmen	57
	i) Ausbildungsmaßnahmen	59
	j) Arbeit	60
	k) Vollzugslockerungen	61
	l) Disziplinarmaßnahmen	63

	7. Zusammenfassung	63
VIII.	Die Risikobelastung inhaftierter junger Spätaussiedler (Bliesener)	65
	1. Risikofaktoren des antisozialen Verhaltens	65
	2. Entwicklung und die Kumulation von Risiken	67
	3. Protektive Faktoren der Entwicklung	67
	4. Befragung junger inhaftierter Spätaussiedler	68
	a) Stichprobe	68
	b) Durchführung der Interviews	69
	c) Ergebnisse	70
	5. Schlussfolgerungen	75
IX.	Zusammenfassung und kritische Bewertung der Ergebnisse (Köhnken)	80
	1. Zusammenfassung der Ergebnisse	80
	2. Methodische Probleme	85
X.	Integrations- und Präventionsmaßnahmen (Köhnken / gesamte Forschungsgruppe)	84
	1. Erste Säule: Allgemeine Integrationsmaßnahmen	85
	a) Sprachförderung	85
	b) Wohnsituation und regionale Integrationsangebote	86
	2. Zweite Säule: Unmittelbare und individualisierte Kriminalprävention	87
	a) Früherkennung von Problementwicklungen	87
	b) Individuell angepasste und evaluierte Maßnahmen	87
	3. Grenzen der unmittelbaren und individualisierten Kriminalprävention	89
XI.	Literaturverzeichnis	90

Anhang 1
Erfassungsbogen für eine Sonderauswertung der Aussiedlerkriminalität
im Bereich der Polizeidirektion Schleswig-Holstein Mitte   93

Anhang 2
Fragebogen zur Aktenanalyse »Kriminalität der Spätaussiedler«   94

Anhang 3
Forschungsfragen des Interviews / Interviewleitfaden   126

Einleitung

Seit der Beendigung des Kalten Krieges in Europa, seit der Auflösung des kommunistischen Machtblocks und der Anhebung des »Eisernen Vorhangs«, seit etwa 1988 sind aus dem Gebiet der ehemaligen UdSSR verstärkt Aussiedler, ab 1992 Spätaussiedler genannt, in die Bundesrepublik Deutschland eingereist. Dies war politisch gewollt. Dass bei dieser massiven Einwanderung sich Eingewöhnungs- und Integrationsprobleme einstellen mussten, war zwar voraussehbar, Vorsorge wurde aber nur unzulänglich getroffen. Die neue westliche Welt war für die Betroffenen auf der einen Seite eine verlockende Verheißung, auf der anderen Seite eine beängstigende Bedrohung. Sie blieb für viele der Aussiedler fremd, schon wegen der Sprachunkenntnisse. Viele fühlten – und fühlen – sich nicht nur in unserer Gesellschaft fremd, sie sind sich auch selbst fremd geworden.[1] Sie sind weder Deutsche noch Russen. In der UdSSR wurden sie wegen ihres Deutschtums ausgegrenzt, in Deutschland sind sie Außenseiter auf Grund ihrer russischen Herkunft. Eine neue Randgruppe in unserer Gesellschaft, ein neues soziales Problem war geboren. Die Kriminalitätsauffälligkeiten ließen nicht lange auf sich warten. In den Medien wurde wiederholt Spätaussiedlerkriminalität thematisiert, z. T. mit Angst einflößenden dramatisierenden Zuschreibungen.[2] Diese Alarmmeldungen haben wir in der Forschungsgruppe »Kriminalität der Spätaussiedler«, die sich im Jahre 2002 gegründet hat, aufgegriffen. Initiiert wurde die Untersuchung durch Kriminaldirektor Günther Kronbügel, vormals Chef der Kripo im Kreis Plön, für die Herr Kronbügel im Jahre 2002 eine Bestandsaufnahme für die Delinquenz von Spätaussiedlern vorgelegt hat.[3] Gesetzte Ziele der Forschungsgruppe waren:
- Realistische Erfassung der Kriminalität der Spätaussiedler,
- Ursachenanalyse,
- Entwicklung von Vorschlägen für Hilfen und Integration.

Die interdisziplinäre Forschungsgruppe setzt sich wie folgt zusammen:

- Prof. Dr. Heribert Ostendorf, Forschungsstelle f. Jugendstrafrecht und Kriminalprävention, Universität Kiel
- Prof. Dr. Thomas Bliesener, Institut f. Psychologie, Universität Kiel
- Prof. Dr. Günter Köhnken, Institut f. Psychologie, Universität Kiel

---

1 Vgl. Lachauer. (12/2004). Die Zeit.
2 Vgl. Der Spiegel. (35/2001): »*In deutschen Jugendgefängnissen herrscht das Gesetz der russischen Mafia. Straffällig gewordene Spätaussiedler werden mit psychischer und physischer Gewalt zum Gehorsam gezwungen. Ihnen bleibt nur eine Wahl: Schutzgeld zahlen oder mitmachen beim Dealen hinter Gittern.*«
3 Kronbügel. (2002). *Delinquenz von Spätaussiedlern im Kreis Plön – eine Bestandsaufnahme.*

- Günther Kronbügel, Kriminaldirektor, Innenministerium Schleswig-Holstein
- Assessorin Susan-Katrin Zunker, Dipl.-Kriminologin.

Der Abschlussbericht wird von der gesamten Forschungsgruppe getragen. Die Federführung in den einzelnen Abschnitten wird in der Klammer der jeweiligen Überschrift angegeben.

Für die Anfertigung des Manuskripts danken wir Frau Bärbel Weyers, für die redaktionelle Mithilfe Frau Wendy Hausö.

Die vorgelegte Untersuchung richtet sich neben privat oder beruflich Interessierten an »Meinungsmacher« und Politiker i. S. eines aufgeklärten Umgangs mit der Kriminalität der Spätaussiedler, vor allem an »Umsetzer« von Integrations- und Präventionsmaßnahmen.

Kiel, im September 2006 *Heribert Ostendorf*

I. Begriffserläuterungen (Ostendorf)

1. »Kriminalität«

Für den Begriff »Kriminalität« wird die strafrechtliche Sichtweise zugrunde gelegt, d. h. der formelle Verbrechensbegriff im Unterschied zum materiellen Verbrechensbegriff.[4] Kriminalität ist das, was der Strafgesetzgeber als strafbedrohtes Verhalten definiert, was folglich in den Strafgesetzen als Kriminalität formuliert ist. Ordnungswidrigkeiten, erst recht unanständiges, nur moralwidriges oder auch anstößiges Verhalten werden ausgeklammert. Sich in der Öffentlichkeit betrinken ist nicht strafbedroht. Auch angstauslösendes Verhalten – lautstarke Zusammenrottungen von – jungen – Männern, massiertes Auftreten in örtlichen Szenetreffs – fällt nicht unter den Begriff »Kriminalität«.

Auch für die differenzierende Bewertung von Kriminalität – der Spätaussiedler – wird den Vorgaben des Gesetzgebers gefolgt. Diese Vorgaben betreffen einmal die Struktur der Straftaten: Tötungs-, Körperverletzungsdelikte, Eigentums- und Vermögensdelikte, Urkundendelikte etc. Soweit von Gewaltdelikten gesprochen wird, wird die polizeiliche Terminologie zugrunde gelegt. Gewaltdelikte sind hiernach: Mord, Totschlag und Tötung auf Verlangen, Vergewaltigung und sexuelle Nötigung, Raub, räuberische Erpressung, räuberischer Angriff auf Kraftfahrer, Körperverletzung mit Todesfolge, gefährliche und schwere Körperverletzung, erpresserischer Menschenraub, Geiselnahme und Angriff auf den Luft- und Seeverkehr.

Die gesetzlichen Vorgaben erfassen auch die Qualität der Kriminalität. Der Gesetzgeber unterscheidet ausdrücklich nur zwischen Vergehen und Verbrechen (§ 12 StGB), er gibt aber darüber hinaus mit den Strafrahmen in den einzelnen Delikten Vorgaben für die Einstufung von Bagatellkriminalität, von mittelschwerer Kriminalität und Schwerkriminalität, auch wenn insoweit keine klaren Grenzen gezogen werden. Immerhin haben Rechtsprechung und Rechtslehre den Begriff des geringwertigen Diebstahls bzw. der geringwertigen Unterschlagung (§ 248 a StGB) heute auf ca. 50 Euro konkretisiert,[5] so dass in diesen Fällen von Bagatellkriminalität gesprochen wird. Auch gehören Verbrechen, d. h. Straftaten, für die der Gesetzgeber im Mindestmaß eine Freiheitsstrafe von 1 Jahr vorgesehen hat, zu der Schwerkriminalität.

Auch wenn die Feststellung über Kriminalität im Sinne einer Zuordnung zu Personen den Gerichten vorbehalten ist – bis zur rechtskräftigen Verurteilung gilt die Unschuldsvermutung (Art. 6 Abs. 2 Europäische Menschenrechtskonvention) –, werden für diese Untersuchung auch die polizeilichen (Verdachts-) Feststellun-

---

4 Vgl. hierzu Meier. (2005). *Kriminologie*. 2. Aufl. Rn. 15 ff.
5 Vgl. Nomos-Kommentar – StGB (2005). Kindhäuser. 2. Aufl. § 248 a Rn. 6

gen in der polizeilichen Kriminalstatistik, die vorläufigen gerichtlichen Entscheidungen im Rahmen« der Untersuchungshaft sowie im Rahmen von Befragungen die Selbsteinschätzungen und Fremdeinschätzungen über Kriminalität mit einbezogen.

2. »Spätaussiedler«

Auch für den Begriff »Spätaussiedler« wird die gesetzliche Definition zugrunde gelegt. Der Begriff der »Spätaussiedler« wurde mit dem durch das Kriegsfolgenbereinigungsgesetz vom 21.12.1992 neu gefassten Gesetz über die Angelegenheiten der Vertriebenen und Flüchtlinge (BVFG), abgekürzt Bundesvertriebenengesetz, eingeführt. Gem. § 4 Abs. 1 BVFG ist Spätaussiedler, wer die ehemalige UdSSR, Estland, Lettland oder Litauen nach dem 31.12.1992 verlassen und innerhalb von 6 Monaten in Deutschland seinen ständigen Aufenthalt genommen hat, wenn er zuvor seinen Wohnsitz in diesen Aussiedlungsgebieten hatte und zwar entweder
- seit dem 8.5.1945 (Nr. 1),
- nach seiner Vertreibung oder der seines Elternteils seit dem 31.3.1952 (Nr. 2),
- seit seiner Geburt, wenn er vor dem 1.1.1993 geboren ist und von einer Person abstammt, die die Stichtagsvoraussetzung des 8.5.1945 nach Nr. 1 oder des 31.3.1952 nach Nr. 2 erfüllt, es sei denn, dass Eltern oder Voreltern ihren Wohnsitz erst nach dem 31.3.1952 in die Aussiedlungsgebiete verlegt haben (Nr. 3).

Gemäß § 4 Abs. 2 BVFG ist Spätaussiedler auch, wer aus den Aussiedlungsgebieten des § 1 Abs. 2 Nr. 3 BVFG kommt und die übrigen Voraussetzungen des § 4 Abs. 1 erfüllt und wer zusätzlich glaubhaft macht, dass er am 31.12.1992 oder danach Benachteiligungen aufgrund deutscher Volkszugehörigkeit erlitten hat. Da diese Glaubhaftmachung für die Spätaussiedler aus der ehemaligen Sowjetunion gem. § 4 Abs. 1 BVFG nicht Voraussetzung ist, sind diese Spätaussiedler privilegiert.

3. Die Verknüpfung der Begriffe

Die Verknüpfung der beiden Begriffe in dem Untersuchungstitel »Kriminalität der Spätaussiedler« scheint einen klaren Forschungsgegenstand zu vermitteln – wenn wir denn wüssten, wer bei der Feststellung von Kriminalität, und damit eines Straftäters oder zumindest eines Straftatverdächtigen, noch Spätaussiedler ist. Dies ist aber in der Regel nicht der Fall, da nur für das Aufnahmeverfahren sowie für Eingliederungsmaßnahmen hieran angeknüpft wird, nicht aber für weitere staatliche Maßnahmen wie hier für polizeiliche und strafjustizielle Reaktionen (s. hierzu auch Kap. IV).

Es wird aber nicht nur ein absteckbares Kriminalitätsterritorium vorgetäuscht, es wird auch und vor allem ein stigmatisierendes Problemfeld vermittelt. Die Verknüpfung scheint auf eine feststehende Konnexität von Spätaussiedlerstatus und Kriminalität hinzuweisen und zwar für jeden Spätaussiedler. Damit wird gleichzeitig jeder Spätaussiedler tendenziell kriminalisiert. Insofern ist der Titel provozierend, da erst die weitere Diskussion diese Konnexität und Kriminalisierung wieder aufhebt bzw. wieder aufbricht.

II. Gesetzliche Grundlagen für die Eindeutschung von Spätaussiedlern und für Integrationsmaßnahmen (Ostendorf)

1. Eindeutschung

Seit dem Mittelalter haben sich Deutsche im osteuropäischen Raum angesiedelt und dort Kolonisation betrieben. Ihre exponierte Stellung veränderte sich mit dem Bestreben der dortigen Völker nach nationaler Autonomie. Die Lage verschärfte sich im Zuge des Zweiten Weltkrieges und der nationalsozialistischen Expansion nach Osten. Die deutschen Aussiedler wurden für die deutschen Verbrechen mit verantwortlich gemacht und mussten hierfür stellvertretend büßen. Dies setzte sich auch nach dem Ende des Zweiten Weltkrieges im kommunistischen Machtbereich fort. Von daher entstand der Wunsch bei vielen »zurückzukehren« und zwar in den freiheitlichen und wirtschaftlich aufblühenden Teil Deutschlands, in die Bundesrepublik Deutschland.

Diesem Wunsch wurde schon bald – 1953 – mit dem Bundesvertriebenengesetz entsprochen, in dem die Aussiedler den Vertriebenen gleichgestellt wurden. »Rechtlicher Aufhänger« war und ist die deutsche Volkszugehörigkeit. Nach § 6 Abs. 1 des geltenden Gesetzes über die Angelegenheiten der Vertriebenen und Flüchtlinge (BVFG) ist deutscher Volkszugehöriger, »wer sich in seiner Heimat zum deutschen Volkstum bekannt hat, sofern dieses Bekenntnis durch bestimmte Merkmale wie Abstammung, Sprache, Erziehung, Kultur bestätigt wird«. Ab dem 31.12.1923 Geborene haben nach § 6 Abs. 2 BVFG die deutsche Volkszugehörigkeit, wenn sie

1. von einem deutschen Staatsangehörigen oder deutschen Volkszugehörigen abstammen und

2. sie sich bis zum Verlassen der Aussiedlungsgebiete zur deutschen Nationalität erklärt haben, sich bis dahin auf andere Weise zum deutschen Volkstum bekannt haben oder nach dem Recht des Herkunftsstaates zur deutschen Nationalität gehören.

Das Bekenntnis zum deutschen Volkstum oder die rechtliche Zuordnung zur deutschen Nationalität muss durch die familiäre Vermittlung der deutschen Sprache bestätigt werden. In der Praxis ist somit entscheidendes Kriterium für die deutsche Volkszugehörigkeit die deutsche Sprache. Hierfür wird erwartet, dass die Betroffenen zumindest ein einfaches Gespräch auf Deutsch führen können. Aus diesem Grunde sind auch die Antragsformulare für das Aufnahmeverfahren in deutscher Sprache verfasst.

Die deutsche Volkszugehörigkeit ist nicht mit der deutschen Staatsangehörigkeit gleichzusetzen; dies geschieht nur im engen Rahmen des Artikel 116 Abs. 1 GG: »Deutscher im Sinne des Grundgesetzes ist vorbehaltlich anderweitiger gesetzlicher Regelung, wer die deutsche Staatsangehörigkeit besitzt oder als Flüchtling oder Vertriebener deutscher Zugehörigkeit oder als dessen Ehegatte oder Abkömmling in dem Gebiet des Deutschen Reiches nach dem Stande vom 31. Dezember 1937 Aufnahme gefunden hat.« Die Anerkennung als Spätaussiedler auf der Grundlage der deutschen Volkszugehörigkeit führt aber zur deutschen Staatsangehörigkeit: »Der Spätaussiedler ist Deutscher im Sinne des Artikel 116 Abs. 1 des Grundgesetzes. Nichtdeutsche Ehegatten oder Abkömmlinge von Spätaussiedlern, die nach § 27 Abs. 1 Satz 2 in den Aufnahmebescheid einbezogen worden sind, erwerben, sofern die Einbeziehung nicht unwirksam geworden ist, diese Rechtsstellung mit der Aufnahme im Geltungsbereich des Gesetzes« (§ 4 Abs. 3 BVFG). Gem. § 27 Abs. 1 Satz 2 BVFG ist u.a. Voraussetzung für die Einbeziehung, dass die Ehe mindestens drei Jahre besteht.

Voraussetzung ist, dass die betreffenden Personen Spätaussiedler im Sinne des Gesetzes sind. Die gesetzliche Definition findet sich im § 4 Abs. 1 und Abs. 2 BVFG (s. oben Kap. I. 2.).

Voraussetzung für diese Anerkennung als Spätaussiedler ist jedoch, dass die betreffenden Personen das Aussiedlungsgebiet im Wege des Aufnahmeverfahrens verlassen haben. Das Aufnahmeverfahren muss grundsätzlich vor der Einreise durchgeführt werden und kann sich über Jahre hinziehen. Das Verfahren ist im Einzelnen im BVFG geregelt. Zuständige Behörde ist das Bundesverwaltungsamt. Das Bundesverwaltungsamt bestimmt auch, in welchem Bundesland die Spätaussiedler aufgenommen werden (§ 28 Abs. 3 i.V.m. § 8 BVFG). Wünsche der Spätaussiedler sollen zwar berücksichtigt werden, das Bundesverwaltungsamt hat jedoch einen Verteilerschlüssel einzuhalten, nach dem die Quote der aufzunehmenden Personen eines jeden Bundeslandes auf der Bevölkerungsdichte basiert. Unmittelbar nach ihrer Einreise werden die Aussiedler in Erstaufnahmeeinrichtungen des Bundes in Friedland oder Bramsche aufgenommen und dort registriert. Mit ihrer Registrierung in den Erstaufnahmeeinrichtungen gelten Spätaussiedler als Deutsche i. S. des Art. 116 Abs. 1 GG.

2. *Integrationsmaßnahmen*

Die Eingliederung in das Leben in der Bundesrepublik Deutschland soll Spätaussiedlern mit Integrationsmaßnahmen erleichtert werden, die allerdings mit dem Kriegsfolgenbereinigungsgesetz 1992 reduziert wurden:
- Eine einmalige Überbrückungshilfe wird gem. § 9 Abs. 2 Nr. 1 BVFG gezahlt.
- Ein Ausgleich für die Kosten der Aussiedlung wird gem. § 9 Abs. 2 Nr. BVFG gewährt.

- Bedürfnisabhängige Eingliederungshilfe wird bei Arbeitslosigkeit und zwar bis zu 6 Monaten gewährt.
- Leistungen bei Krankheit können unter bestimmten Voraussetzungen (s. § 11 BVFG) in Anspruch genommen werden.
- Rentenansprüche werden gem. § 13 BVFG geregelt.
- Selbständigkeitsdarlehen werden gem. § 14 BVFG gewährt.
- Teilnahme an Integrationsmaßnahmen, insbesondere an deutschsprachigen Kursen, wird kostenlos ermöglicht (s. § 9 Abs. 1 BVFG).
- Zusätzliche projektbezogene Integrationsmaßnahmen werden vom Bundesamt für die Migration und Flüchtlinge gefördert.

Allerdings regelt das Wohnortzuweisungsgesetz, dass die Spätaussiedler, die Eingliederungs- oder Sozialhilfen erhalten wollen, für die Zeit von 3 Jahren an den ihnen zu Beginn des Aufnahmeverfahrens zugewiesenen Wohnort gebunden sind.

III. Zuwanderungsbilanz (Ostendorf)

Nach der Statistik des Bundesverwaltungsamtes sind allein im Zeitraum von 1990 bis 2004 fast 4 ½ Millionen Menschen in die Bundesrepublik Deutschland als Aussiedler aufgenommen worden. Mehr als die Hälfte hiervon sind Spätaussiedler aus dem Gebiet der ehemaligen UdSSR (fast 2,3 Mill.).

BUNDESVERWALTUNGSAMT

Aussiedlerstatistik

	ehem. UdSSR	Republik Polen	ehem. CSFR	Ungarn	Rumänien	ehem. Jugoslaw.	sonstige Länder	Summe
1990	147.950	133.872	1.708	1.336	111.150	961	96	397.073
1991	147.320	40.129	927	952	32.178	450	39	221.995
1992	195.576	17.742	460	354	16.146	199	88	230.565
1993	207.347	5.431	134	37	5.811	120	8	218.888
1994	213.214	2.440	97	40	6.615	182	3	222.591
1995	209.409	1.677	62	43	6.519	178	10	217.898
1996	172.181	1.175	14	14	4.284	77	6	177.751
1997	131.895	687	8	18	1.777	34	0	134.419
1998	101.550	488	16	4	1.005	14	3	103.080
1999	103.599	428	11	4	855	19	0	104.916
2000	94.558	484	18	2	547	0	6	95.615
2001	97.434	623	22	2	380	17	6	98.484
2002	90.587	553	13	3	256	4	0	91.416
2003	72.289	444	2	5	137	8	0	72.885
2004	58.728	278	3	0	76	8	0	59.093
Gesamt	2.298.938	1.444.767	105.091	21.408	430.062	90.378	55.716	4.446.360

In der ersten Hälfte der 50er Jahre war das Ausreiseverhalten eher zögerlich (jährlich im Durchschnitt 22.000), was vermutlich darauf zurückzuführen ist, dass unter den damaligen politischen Verhältnissen eine Ausreise nur schwerlich möglich war. Einen ersten Sprung gab es 1957, als die Zahl der Aussiedler von 31.345 im Vorjahr auf 113.945 und im Jahre 1958 auf 132.228 anstieg. 1959 sank die Zahl wieder zurück auf 28.450 und blieb in den 60er Jahren, bis in die frühen 70er Jahre, mit einem Wert zwischen 15.000 und 30.000 einreisenden Aussiedlern pro Jahr relativ konstant. In der zweiten Hälfte der 70er Jahre bis zum Beginn der 80er Jahre stieg die Zahl wiederum an und pendelte sich bis 1987 bei jährlich ca. 50.000 Aussiedlern ein. 1988, ein Jahr vor dem Fall der Berliner Mauer, zu einem Zeitpunkt, in welchem die Ausreisemöglichkeiten schon gelockert waren, stieg die Zahl der einreisenden Aussiedler drastisch an (202.673). Diese Entwicklung setzte sich bis zum Jahre 1990 fort mit der höchsten Zuwanderungsbilanz von 397.073. In den frühen 90er Jahren gab es wiederum einen deutlichen Rückgang, wobei in den Jahren 1991 bis 1995 sich die Zahl auf ca. 220.000 einpendelte. Auf diese Zahl war das jährliche Kontingent begrenzt.

Seit 1997 nimmt die Zahl der Aussiedler insgesamt sowie auch der Spätaussiedler Jahr für Jahr deutlich ab. Diese Abnahme beruht zum einen darauf, dass die Anzahl der Einreisewilligen naturgemäß abnimmt, zum anderen darauf, dass die Hürde der Aufnahmeberechtigung deutlich vom Gesetzgeber angehoben wurde. Auch haben sich die Lebensverhältnisse in den Herkunftsländern z. T. verbessert, dies gilt insbesondere für die osteuropäischen Staaten außerhalb des Gebiets der ehemaligen UdSSR. Im Koalitionsvertrag der CDU/CSU/SPD vom 11.11.2005 zur Bildung der Großen Koalition heißt es dementsprechend: »Angehörigen der deutschen Minderheit in den Herkunftsgebieten der Aussiedler soll über die Gewährung von Hilfen aus Deutschland, deren Effektivität wir steigern wollen, eine bessere Lebens- und Zukunftsperspektive in den Herkunftsgebieten ermöglicht werden« (Abschnitt VIII. 1.2).

Hinsichtlich der Altersstruktur der Spätaussiedler ist festzustellen, dass im Vergleich zur bundesdeutschen Gesamtbevölkerung die Aussiedler deutlich jünger sind.

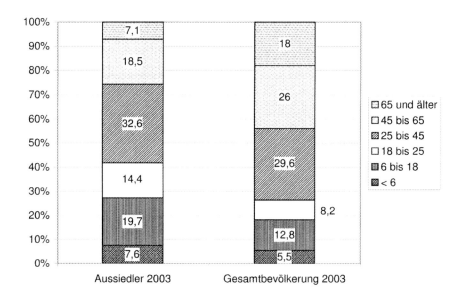

Allerdings haben sich in den letzten Jahren doch deutliche Veränderungen ergeben.

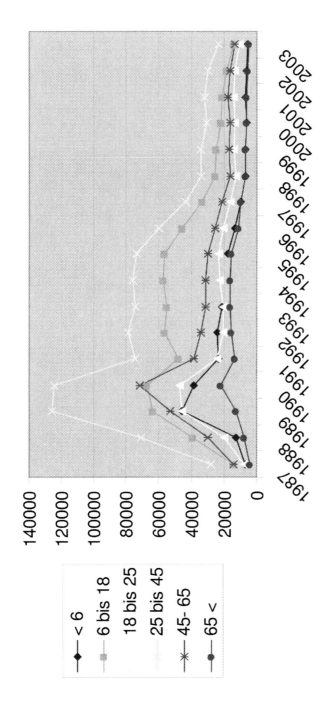

IV. Umfang und Struktur der Spätaussiedlerkriminalität (Ostendorf)

1. Tatverdächtigen-/Verurteiltenzahlen

Die Kriminalität der Spätaussiedler wird in der Polizeilichen Kriminalstatistik sowie in der gerichtlichen Verurteiltenstatistik – korrekt – als Kriminalität der Deutschen registriert. Es gibt Vermutungen, dass der Anstieg der Tatverdächtigenzahlen bei deutschen Jugendlichen (14 bis unter 18 Jahre), Heranwachsenden (18 bis unter 21 Jahre) sowie Jungerwachsenen (21 bis unter 25 Jahre) gerade auch auf die mitgezählte Kriminalität der Spätaussiedler zurückzuführen ist.

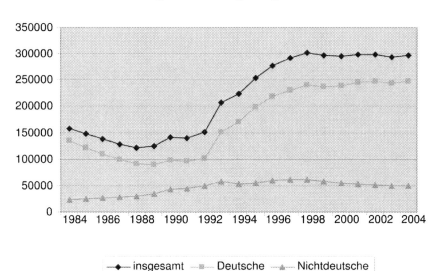

Quelle: PKS 2004, S. 78
Bereich: 1984-1990 alte Länder; 1991-1992 alte Länder mit Gesamt-Berlin; ab 1993 Bundesgebiet insgesamt

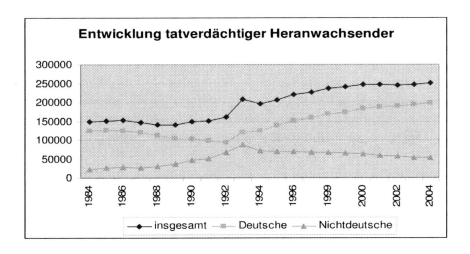

Quelle: PKS 2004, S. 79
Bereich: 84-90 alte Länder; 91-92 alte Länder mit Gesamt-Berlin; ab 93 Bundesgebiet insgesamt

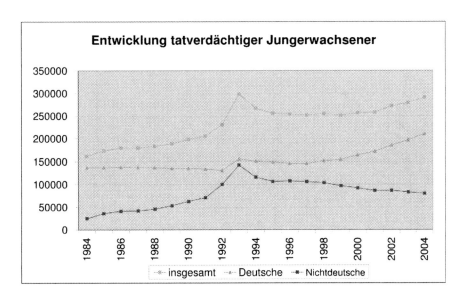

Quelle: PKS 2004, S. 81

Statistisch lässt sich die Kriminalität der Spätaussiedler aber nicht herausrechnen. Um dieses Manko zu beheben, wurden wiederholt empirische Sondererhebungen durchgeführt. So hat in einer ersten Untersuchung das Kriminologische Forschungsinstitut Niedersachsen einen Kriminalitätsvergleich von niedersächsischen Landkreisen durchgeführt, in die z. T. eine sehr hohe und umgekehrt z. T. eine besonders niedrige Zuwanderung von Spätaussiedlern erfolgt war. In den Landkreisen mit besonders hoher Zuwanderung hatten insbesondere Diebstahlsdelikte und Gewaltdelikte der jungen Deutschen extrem zugenommen im Unterschied zu den Landkreisen mit besonders niedriger Zuwanderung.[6] Der gefolgerte Zusammenhang ist aber zweifelhaft, da Anzeigeverhalten und polizeiliches Kontrollverhalten hierfür (mit-)ursächlich sein können.[7]

In Bayern wurde von der Kriminologischen Forschungsgruppe der bayerischen Polizei im dortigen Landeskriminalamt eine Sonderauswertung der polizeilichen Kriminalstatistik der Jahre 1997 bis 1999 durchgeführt. Danach ergab sich, dass sich die Spätaussiedler als Gesamtgruppe in keiner Hinsicht von den sonstigen Deutschen in Umfang und Struktur der registrierten Kriminalität unterscheiden. Allerdings zeigte sich ein deutlicher Zusammenhang zwischen dem Grad der Auffälligkeit und dem Alter, d. h. je jünger die – männlichen – Vergleichsgruppen waren, um so auffälliger war die Kriminalität der Spätaussiedler im Vergleich zu den sonstigen Deutschen, nicht allerdings gegenüber Ausländern.[8]

Tatverdächtigenbelastungszahlen* für Jungen / Männer

	Aussiedler	*Deutsche*
10-13 jährige	10.726	3.180
14-17 jährige	18.702	13.950
18-20 jährige	18.794	15.762

* registrierte Straftaten auf 100.000 der jeweiligen Bevölkerungsgruppe umgerechnet
Quelle: Luff. (2000) Kriminalität von Aussiedlern. S. 86

---

6 Pfeiffer/Brettfeld/Delzer. (1996). *Kriminalität in Niedersachsen. Eine Analyse auf der Basis der Polizeilichen Kriminalstatistik 1988–1995*. KfN-Forschungsberichte Nr. 56. S. 33 ff.; vgl. auch Pfeiffer/Wetzels. (2000). in: *Neue Wege der Aussiedlerintegration: Vom politischen Konzept zur Praxis*. hrsg. von der Friedrich-Ebert-Stiftung. S. 27 ff.
7 Zur Relativierung vgl.: *Erster Periodischer Sicherheitsbericht der Bundesregierung, 2001*. S. 543, 544
8 Vgl. Luff. (2000). *Kriminalität von Aussiedlern*. S. 82 ff.

Bei den Mädchen zeigten sich nur geringe Unterschiede, bei den heranwachsenden Mädchen dominierten sogar die Deutschen.

Von der Kriminologischen Forschungsgruppe des Max-Planck-Instituts für ausländisches und internationales Strafrecht in Freiburg wurden für das Land Baden-Württemberg die Geburtsjahrgänge 1970, 1973, 1975 und 1978 der Spätaussiedler im Hinblick auf polizeiliche Registrierungen in den Jahren 1984–1996 untersucht. Während sich die Prävalenzraten der Aussiedler zunächst, d. h. in der zweiten Hälfte der 80er Jahre nur wenig von denjenigen der sonstigen Deutschen unterschieden, zeigte sich danach in der ersten Hälfte der 90er Jahre ein deutlicher Anstieg.[9] Dieser Anstieg wurde auf die seit 1991 zugezogenen jungen Spätaussiedler zurückgeführt und zwar auf die aus dem Gebiet der ehemaligen Sowjetunion.

Ein ähnliches Ergebnis zeigte sich bei einer Analyse der Kriminalität in Hannover und Wolfsburg für die Jahre 1998 bis 2001. Hier zeigte sich sogar, dass die Tatverdächtigenbelastungsziffer der Aussiedler in den meisten Deliktsbereichen sowohl unter der der Ausländer, als auch unter der der sonstigen Deutschen lag. Allerdings wies die Gruppe der 18–25jährigen Aussiedler zum Ende der Erfassungsphase einen außergewöhnlich hohen Anstieg auf.[10]

Dem entsprechen in der Tendenz auch die Zahlen aus einer Sonderauswertung der Polizeilichen Kriminalstatistik in Baden-Württemberg für das Jahr 2003: Während im Allgemeinen keine höhere Kriminalitätsbelastung für Aussiedler festgestellt wurde, wurde ein außerordentlich hoher Anteil jugendlicher und heranwachsender tatverdächtiger Spätaussiedler festgestellt. Ca. 40 % aller tatverdächtigen Spätaussiedler waren unter 21 Jahre alt. Wir haben zwar auch ansonsten einen überproportionalen Anteil junger Straftäter, in Baden-Württemberg lag dieser Anteil der unter 21jährigen bei allen Tatverdächtigen aber nur bei 28,7 %.

Nordrhein-Westfalen hat im Frühjahr 2005 erstmalig eine Sonderauswertung für junge Spätaussiedler anhand polizeilicher Zahlen vorgelegt; die neue Landesregierung hat dieses Unterfangen wegen eines unzuverlässigen Aussagewertes wieder gestoppt. Hiernach wird nur eine kleine Gruppe polizeilich auffällig, d.h. mehr als 95 % der jugendlichen Spätaussiedler sind im Jahre 2004 nicht polizeilich aufgefallen. Ob allerdings hieraus der Rückschluss, wie im Untersuchungsbericht geschehen, erlaubt ist, dass diese 95 % schulisch und beruflich Fuß gefasst haben, erscheint zweifelhaft, da Nichtauffälligkeit noch nicht Integration bedeutet und vor allem das Dunkelfeld der Kriminalität unbeleuchtet bleibt.

Als Zwischenfazit ist festzuhalten, dass nach Untersuchungen auf der Basis von Polizeidaten, d. h. auf der Grundlage von polizeilich registrierten Tatverdächtigenzahlen, keine besonders erhöhte Spätaussiedlerkriminalität im Vergleich zur

---

9 Vgl. Grundies. (2000). MschrKrim. S. 303
10 Gluba/Schaser. *Kriminalistik 2003*. S. 291 ff.

Kriminalität der sonstigen Deutschen festgestellt wurde. Auffällig ist jedoch die Kriminalität der jungen männlichen Spätaussiedler. Dies gilt insbesondere für die später, d. h. ab 1990 zugereisten Spätaussiedler.[11]

2. Gefangenenzahlen

a) Strafhaft

Wie hinsichtlich der Tatverdächtigen und Verurteilten liegt auch hinsichtlich der Gefangenen keine offizielle statistische Erhebung vor. Es werden nur die Ausländer-Gefangenen gesondert gezählt. Es wird aber von außerordentlich hohen Gefangenenraten der Spätaussiedler berichtet. Bereits im Jahre 1998 waren nach einer bundesweiten Befragung in 10 westlichen Bundesländern 10 % der Insassen im Jugendstrafvollzug junge Spätaussiedler. In Schleswig-Holstein waren es damals allerdings nur 4,1 %. Neuere Schätzungen gehen davon aus, dass der Anteil der jungen Spätaussiedler-Gefangenen doppelt, einige sagen dreifach überrepräsentiert ist, d. h. über dem entsprechenden Bevölkerungsanteil liegt.[12] Im Jugendstrafvollzug Baden-Württemberg weisen die Spätaussiedler aus den GUS-Staaten in den Jahren 2000 und 2001 prozentual die höchsten Zugänge auf, noch höher als die Zugänge der Ausländer, die in Deutschland geboren wurden.[13] Seitdem sinken die Zugangszahlen, im Jahre 2004 merklich.

---

11 Eine ähnliche Problemlage wird für minderjährige Immigranten aus den GUS-Staaten in Israel konstatiert: Bei einem Bevölkerungsanteil von 11 % ist diese Bevölkerungsgruppe zu 22 % bei den polizeilich ermittelten Straftätern vertreten. vgl. Sonnen. (2004). ZJJ. S. 94
12 Vgl. Pfeiffer/Kleimann. (2004). *Polizei-heute 6/04*. S. 200; J.Walter. (2000) *DVJJ-Journal.* S. 259 Fn. 10
13 Vgl. J. Walter. (2005). in: *Entwicklungen im Jugendstrafrecht.* hrsg. von der DVJJ-Regionalgruppe Nordbayern. S. 84

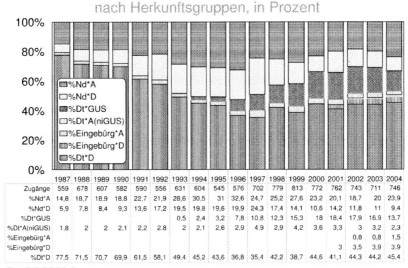

Legende:
Nd*A   = Nichtdeutsche, geb. im Ausland (»Ausländer«)
Nd*D   = Nichtdeutsche, geb. in Deutschland (»hier geborene Ausländer«)
Dt*GUS   = Deutsche, geb. in einem GUS Land.
Dt*A(niGUS) = Deutsche, geb. im Ausland, jedoch nicht in der GUS (»Aussiedler aus anderen als GUS-Ländern«).
*Eingebürg*A* = Eingebürgerte, geb. im Ausland
*Eingebürg*D* = Eingebürgerte, geb. in Deutschland
Dt*D   = Deutsche, geb. in Deutschland (»Einheimische«)

Nach einer Erhebung des Kriminologischen Forschungsinstituts Niedersachsen (KFN) in fünf Jugendvollzugsanstalten ergibt sich folgendes Gefangenenbild:

Die ethnische Zusammensetzung der jungen Strafgefangenen in fünf Jugendvollzugsanstalten (Adelsheim, Neuburg-Herrenwörth, Siegburg, Wittlich und Schifferstadt; Vergleich der Stichtagserhebungen 30.4.1992, 1995, 1998, 2002 und 2003)

Stichtag	30.4.1992		30.4.1995		30.4.1998		30.4.2002		30.4.2003	
	N	%	N	%	N	%	N	%	N	%
Aussiedler	8	0,9	44	4,4	102	8,2	192	12,0	173	11,5
Sonstige Deutsche	571	63,2	535	53,2	677	54,5	975	61,0	941	62,8
Türken	162	17,9	191	19,0	194	15,6	143	8,9	107	7,1
Sonstige Ausländer	162	17,9	235	23,5	270	21,7	289	18,1	278	18,5
Insgesamt	903	100,0	1.005	100,0	1.243	100,0	1.599	100,0	1.499	100,0

Quelle: ZJJ 4/2004, S. 383

Auch hier zeigt sich eine deutliche Steigerung der Gefangenenzahlen der Aussiedlergruppe, die allerdings ihren Höhepunkt im Jahre 2002 überschritten hat.

b) Untersuchungshaft

Die überproportionale Zahl der Spätaussiedler-Strafgefangenen korrespondiert mit einer überproportionalen Zahl der Spätaussiedler-Untersuchungsgefangenen. Nach einer Untersuchung für die Jugenduntersuchungshaftabteilung Freiburg ergaben sich für das Jahr 2002 folgende prozentuale Anteile:

Deutsche   52,9 %
Spätaussiedler   13,7 %
Ausländer   33,3 %

(Hotter [2004]: *Untersuchungshaftvermeidung für Jugendliche und Heranwachsende in Baden-Württemberg*. S. 60).

Ebenso wie der Anteil der Ausländer ist der Anteil der Spätaussiedler entsprechend dem Bevölkerungsanteil deutlich überrepräsentiert. Während aber die Ausländerzahlen in den letzten Jahren sich deutlich verringert haben, verbleiben die Spätaussiedlerzahlen auf diesem hohen Niveau:

Anzahl der deutschen und nichtdeutschen Inhaftierten in der Jugenduntersuchungshaftabteilung Freiburg 1997–2002

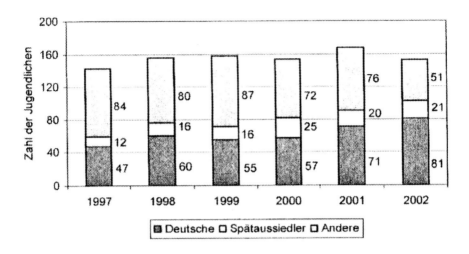

Quelle: Hotter (2004): *Untersuchungshaftvermeidung für Jugendliche und Heranwachsende in Baden-Württemberg*. S. 60

Bei der Bewertung der Polizei- und Justizdaten ist – zu Gunsten der Spätaussiedler – zu berücksichtigen, dass zumindest eine rigidere Verfolgung als bei Deutschen und damit eine Benachteiligung nicht ausgeschlossen werden kann. Einige empirische Erhebungen hatten zum Ergebnis, dass bei Gewalttaten für nichtdeutsche Jugendliche ein höheres Risiko besteht, wegen solcher Delikte angezeigt zu werden.[14] Da Spätaussiedler von der einheimischen Bevölkerung ganz überwiegend als Ausländer eingestuft werden, würde dieses Ergebnis auch eine diesbezügliche höhere Anzeigeerstattung begründen. So ist im Zeitraum von 1990 bis 1999 die Tatverdächtigenbelastungszahl der Nichtdeutschen um 2 % gesunken, im selben Zeitraum aber die Verurteiltenzahl um 22 %, die Gefangenenzahl sogar um 73,6 % gestiegen.[15] Ein strengeres Vorgehen der Polizei gegenüber jugendlichen Spätaussiedlern, insbesondere auch bei Auseinandersetzungen mit deutschen Jugendlichen, wurde auch in Gesprächsrunden der Forschungsgruppe von Seiten Betroffener berichtet. Dem entspricht, dass in früheren Jahren bei nichtdeutschen Jugendlichen Verfahren häufiger als bei deutschen Jugendlichen ein-

---

14 So die KFN-Schülerbefragungen 1998 und 2000. vgl. *Erster Periodischer Sicherheitsbericht, 2001.* S. 546
15 Vgl. Suhling/Schott. (2001). in: *Forschungsthema Strafvollzug.* hrsg. von Bereswill/Greve. S. 61

gestellt wurden.[16] Dieser Befund hat sich allerdings in Untersuchungen für die 90er Jahre nicht bestätigt, d. h. die Anklage und Verurteilungsquote von Deutschen und Nichtdeutschen haben sich weitgehend angeglichen.[17] Für dieses rigidere Vorgehen gegen jugendliche Spätaussiedler spricht, dass diese Straftäter sich vor Gericht wenig kooperationsbereit zeigen, abblocken, ja abschreckend wirken wollen und hierbei höhere Straferwartungen signalisieren, die sie aus ihrem Herkunftsland gewohnt sind. Auf der anderen Seite könnte eine besonders brutale Deliktsbegehung eine härtere Sanktionierung erklären. Eine neue Untersuchung kommt zu dem Ergebnis, dass »keinesfalls verallgemeinernd von 'ausländerfeindlichen' Gerichten gesprochen werden« kann, wenngleich es Hinweise auf Diskriminierungen gibt.[18] Deutliche Benachteiligungen junger Ausländer, die nicht auf Dauer hier wohnhaft sind, werden allerdings im Rahmen der Untersuchungshaft festgestellt.

Die außerordentlich hohe Quote der Untersuchungshaft bei jungen Spätaussiedlern würde damit an Aussagekraft für den Kriminalitätsvergleich mit Deutschen verlieren.

3. »Haus des Jugendrechts« in Stuttgart / Bad Cannstatt

Die Aussage, dass Spätaussiedlerkriminalität im Vergleich zur Kriminalität der sonstigen Deutschen, erst recht zu der Kriminalität der Ausländer tendenziell sogar niedriger ausfällt, wird mit der wissenschaftlichen Begleitforschung zum »Haus des Jugendrechts« Stuttgart / Bad Cannstatt bestätigt.[19] Dies wird in diesem Projekt auch ausdrücklich für junge Spätaussiedler festgestellt.[20] Zwar sind die männlichen Spätaussiedler mehr betroffen, insgesamt betrug der prozentuale Anteil aber nur 0,6 % der erfassten jungen Straftäter, d. h. 76 von 12.264 Personen.[21] Auch hinsichtlich der Tatschwere zeigte sich eine Unterrepräsentanz, so beim schweren Diebstahl, während Sachbeschädigungen, Leistungserschleichungen und Beleidigungen – Formen der Bagatellkriminalität – häufiger registriert wurden. In dem dreijährigen Modellprojekt wurde nur einmal ein Spätaussiedler wegen Raubes registriert. Ebenso ist der Anteil der Mehrfachtäter geringer als bei

16 Vgl. Pfeiffer/Schöckel. (1990). in: *Ursachen, Prävention und Kontrolle von Gewalt.* hrsg. von Schwind/Baumann. S. 433 ff.
17 Vgl. Steffen. (1998). in: *Festschrift für Kaiser.* S. 677
18 Henniger. (2003). *Nichtdeutsche Beschuldigte im Jugendstrafverfahren.* S. 297
19 Feuerhelm/Kügler. (2002). *Das »Haus des Jugendrechts« in Stuttgart / Bad Cannstatt.* S. 149
20 Die Aussage »Während die strafunmündigen Kinder bei den Aussiedlern eine geringere Quote aufweisen als bei den übrigen Personen, sind sie bei den Jugendlichen deutlich überrepräsentiert« (S. 145) ist verfälschend, da insoweit nur die Anteile der Spätaussiedlerkriminalität bei Kindern, bei Jugendlichen sowie bei Heranwachsenden miteinander verglichen wurden, nicht mit der Kriminalität der Erwachsenen.
21 In der Publikation fälschlicherweise mit 6,0 % angegeben.

den übrigen Personen. Zur Bewertung dieser Ergebnisse ist von Bedeutung, dass der Einzugsbereich als sozial belastet zu charakterisieren ist, der durch einen hohen Anteil von Nichtdeutschen (31 %) und durch eine hohe Arbeitslosigkeit gekennzeichnet ist.

4. Delinquenzbefragungen

Nach der KFN-Schülerbefragung 2000 liegt die selbst berichtete Delinquenz der Spätaussiedler aus den GUS-Staaten für das Jahr 1999 deutlich unter dem Niveau der einheimischen Deutschen, ja im Vergleich zu allen Bevölkerungsgruppen schneiden die Spätaussiedler am besten ab. Dies gilt auch für die häufig vermutete höhere personale Gewalt.

Prävalenz selbstberichteter Delinquenz 1999 nach ethnischer Herkunft, gewichtete Daten

	Schwarz-fahren	Laden-diebstahl	Sachbe-schädi-gung	personale Gewalt	qualif. Diebstahl	gültige N
einheimische Deutsche	**65,0%**	28,2%	18,2%	14,5%	6,9%	7556
Aussiedler GUS	56,1%	21,1%	11,5%	11,8%	6,4%	221
andere Aussiedler	62,7%	30,7%	20,6%	16,9%	10,6%	171
Eingebürgerte, Türkei	55,2%	25,7%	16,2%	**28,8%**	9,6%	105
Eingebürgerte, andere	61,2%	31,1%	**21,5%**	19,4%	9,1%	550
Ausländer Türkei	48,9%	22,4%	16,6%	**28,2%**	9,9%	355
Ausländer ex-Jugoslaw.	59,6%	26,8%	15,9%	**21,8%**	8,1%	260
Ausländer Südeuropa	62,4%	29,5%	16,9%	13,8%	7,8%	130
andere Ausländer	56,8%	24,8%	14,5%	16,4%	8,7%	441
Total	63,3%	27,9%	17,9%	15,7%	7,4%	9789
sig.	*p<.0001*	*p<.05*	*p<.05*	*p<.0001*	*n.s.*	

Datenquelle: KRIMINOLOGISCHES FORSCHUNGSINSTITUT NIEDERSACHSEN, Schülerbefragung 2000.
(Erster Periodischer Sicherheitsbericht der Bundesregierung, 2001, S. 562)

Die Bedeutung dieser Umfrage, die sich mit einer repräsentativen Schülerbefragung in Hamburg, Hannover, Leipzig und Stuttgart aus dem Jahre 1998 durch das

KFN (Kriminologisches Forschungsinstitut Niedersachsen) deckt,[22] wird erhöht durch die im Vergleich zu den deutschen und z. T. zu anderen Ethnien ungünstigeren Entwicklungschancen der Schüler, die mit Hilfe der Kriterien »Art des Schulbesuchs« sowie »Arbeitslosigkeit / Sozialhilfeleistung in den Familien« kategorisiert wurden.

Verteilung von Entwicklungsoptionen nach ethnischer Herkunft, gewichtete Daten(Angaben in Prozent)

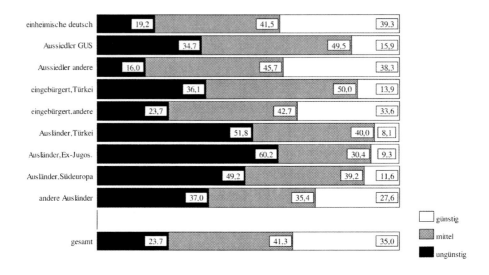

Datenquelle: KRIMINOLOGISCHES FORSCHUNGSINSTITUT NIEDERSACHSEN, Schülerbefragung 2000.
(Erster Periodischer Sicherheitsbericht der Bundesregierung, 2001, S. 563)

Damit stimmt die Untersuchung von Strobl/Kühnel[23] überein, wonach die jungen Aussiedler nach eigenen Aussagen in allen Kriminalitätsbereichen weniger auffällig werden. Im Unterschied hierzu wurde in einer örtlichen Schülerbefragung in Emmendingen von den befragten jungen Spätaussiedlern mehr Straftaten selbst berichtet.[24]

Die Aussagekraft der selbst berichteten Delinquenz muss aber insbesondere für Spätaussiedlerjugendliche bezweifelt werden,

22 Vgl. Pfeiffer/Delzer/Enzmann/Wetzels. (1999). in: *Kinder und Jugendliche als Opfer und Täter*, hrsg. von der DVJJ. S. 148, 149
23 Strobl/Kühnel. (2000). *Dazugehörig und ausgegrenzt: Analysen zu Integrationschancen junger Aussiedler*. S. 155
24 Oberwittler/Würger. (1999). *Emmendinger Schülerbefragung zur Jugenddelinquenz*.

- weil bestimmte Kriminalitätsformen wie gerade auch personale Gewalt von Spätaussiedlern für die eigene Interessendurchsetzung als normal und legitim angesehen werden und
- weil nicht ausgeschlossen werden kann, dass Spätaussiedler noch mehr als andere Jugendliche, trotz Anonymisierung der Aussagen und Geheimhaltungsversprechen, Nachteile auf Grund selbst berichteter Delinquenz befürchten, weil sie staatlichen und damit auch universitären Instanzen nicht trauen.

5. Drogenproblematik

Insbesondere scheint die Drogenproblematik in diesen Befragungsergebnissen unterbeleuchtet. Hierfür spricht, dass das Bekenntnis zur Einnahme von Drogen gerade bei Spätaussiedlern als unehrenhaft gelten kann, da damit signalisiert wird, dass man die Probleme des Alltagslebens sonst nicht meistert, nicht »seinen Mann steht«. Strafrichter haben in Gesprächen die Drogenabhängigkeit der angeklagten Spätaussiedler als besonders auffällig bezeichnet.[25] Diese Eindrücke werden statistisch untermauert mit der Erhebung der Drogentoten. Im Jahr 1999 waren in Baden-Württemberg von 245 registrierten männlichen Drogentoten 39 Spätaussiedler, die im Durchschnittsalter 24 Jahre alt waren und damit 5 Jahre jünger als der Durchschnitt der anderen Drogentoten.[26]

Während bundesweit die Gesamtzahl der registrierten Drogentoten in den letzten Jahren gesunken ist (2003: -2 %; 2004: -6 %), ist die Zahl der Spätaussiedler-Drogentoten im Jahr 2003 dramatisch auf 145 (+12 %) angestiegen. Der Anteil der Aussiedler an der Gesamtzahl der Rauschgifttoten betrug damit 10 %. Im Jahre 2004 war aber wiederum ein entsprechender Rückgang auf 128 Drogentote zu verzeichnen (-12 %).[27] Der Altersdurchschnitt der Spätaussiedler-Drogentoten liegt deutlich unter dem allgemeinen Durchschnitt: 27,4 Jahre zu 33,8 Jahre im Jahre 2003. Allerdings kann nach dem Bundeslagebild zur »Rauschgiftkriminalität von Aussiedlern aus Osteuropa und der GUS« des Bundeskriminalamtes 2003 daraus nicht geschlossen werden, dass Aussiedler einen besonders hohen Anteil an Rauschgiftdelikten haben. Ihr Anteil an diesen Delikten lag hiernach nur etwas höher als bei den sonstigen Deutschen, allerdings erheblich unter dem der Nichtdeutschen.[28] Offensichtlich werden von Spätaussiedlern härtere Drogen genommen, möglicherweise auch vermehrt in Verbindung mit übermäßigem Alkoholkonsum. Nach Bekundungen von Spätaussiedlern wird in den Herkunftslän-

---

25 Vgl. auch Walter. (2005). *Jugendkriminalität*. 3. Aufl. Rn. 92 b
26 Vgl. *Erster Periodischer Sicherheitsbericht der Bundesregierung.* (2001). S. 328
27 Vgl. *Bundeslagebild Rauschgift 2003.* S. 23 und *Bundeslagebild Rauschgift 2004.* S. 21. hrsg. vom Bundeskriminalamt
28 Zitiert nach dem »Drogen- und Suchtbericht 2004« der Drogenbeauftragten der Bundesregierung zum Thema Migration und Sucht.

dern häufig und mehr als in Deutschland Alkohol getrunken und zwar hochprozentiger Alkohol (Wodka).

Nach dem Drogen- und Suchtbericht der Drogenbeauftragten der Bundesregierung[29] kamen rund 20 % der Aussiedler, die in Suchthilfeeinrichtungen behandelt wurden bzw. wegen Rauschgiftdelikten kriminalpolizeilich in Erscheinung traten, bereits rauschgiftabhängig nach Deutschland. Bei den anderen war vor allem der Kontakt mit bereits süchtigen Freunden bzw. Cliquen-Mitgliedern ausschlaggebend für den Beginn der Drogenkarriere in Deutschland.

In Schleswig-Holstein stellt sich die Entwicklung der Drogentoten weniger dramatisch dar. Abgesehen von der Problematik auf der Grundlage so geringer Zahlen eine Entwicklungslinie festzustellen, scheint die Drogenproblematik eher abzunehmen, sie ist jedenfalls nicht auffällig.

Drogentote in Schleswig-Holstein

Sterbejahr	insgesamt	davon Deutsche	Ausländer	Aussiedler
2005	40*	38	2 Nat.: Polen, Türkei	1 (2,5 %) Herkunft Russ.Föderation
2004	41	41	0	1 (2,4 %) Herkunft Kasachstan
2003	39	38	1 Nat.: Kosovo-Albaner	3 (7,7 %) Herkunft: 2 x Kasachstan 1 x Polen
2002	52	49	3 Nat.: Italien, Niederl., Ukraine	0

* Stand der Erhebung: 06.01.06

Die o.a. Anzahl von 40 Drogentoten ist nicht als abschließend zu betrachten. Erfahrungsgemäß ist von einer ca. 15 %igen Zunahme bedingt durch Nachmeldungen der Institute für Rechtsmedizin aus Schleswig-Holstein auszugehen.

(Erhebung des LKA Schleswig-Holstein)

Allerdings stammen nach Schätzungen aus dem Fachkrankenhaus Nordfriesland und dem Psychiatrischen Zentrum Rickling ca. 15 % der dort behandelten dro-

---

29 Abschnitt 4.1.1.

genabhängigen Patienten aus Russland oder den so genannten Nachfolgestaaten der UdSSR.[30]

Auch in der Untersuchung von Strobl und Kühnel zum Konsumverhalten jugendlicher Spätaussiedler zeigte sich, dass sich deren Konsumverhalten nicht wesentlich von denen anderer Jugendlicher unterschied. Die Aussagekraft ist aber zu hinterfragen, da die Bereitschaft sich zum Rauschgiftkonsum zu bekennen, bei Spätaussiedlern auf Grund ihrer kulturellen Herkunft geringer ausfallen kann.

Ein Ergebnis der Analyse der drogenabhängigen Klienten im Fachkrankenhaus Nordfriesland sowie dem psychiatrischen Zentrum Rickling war, dass unter den drogenabhängigen Aussiedlern sich signifikant mehr Männer als bei den einheimisch-deutschen Drogenabhängigen befinden. Hierbei werden harte Drogen häufiger von Spätaussiedlern konsumiert als von einheimisch-deutschen Drogenabhängigen. Die Auffälligkeit bei der Kriminalitätsbelastung junger Männer aus der Spätaussiedler-Gruppe deckt sich mit diesem Befund abweichenden Verhaltens. Hierbei ist der Drogenkonsum offensichtlich eine Folge der Migration: Fast 80 % der untersuchten Drogenabhängigen gaben an, erst in Deutschland mit dem Heroinkonsum begonnen zu haben, wobei allerdings ein Großteil der Befragten hierauf keine Antwort gaben (S. 19).

6. Anzeigebereitschaft

Die Relativierung der Ergebnisse von Delinquenzbefragungen lässt eine geringe Anzeigebereitschaft der Spätaussiedler, insbesondere der Spätaussiedlerjugendlichen vermuten. Ausschlaggebend ist insoweit einmal das Misstrauen gegenüber staatlichen Instanzen, insbesondere auch gegenüber der Polizei. In Gesprächen mit Spätaussiedlerjugendlichen wurde dieses Misstrauen immer wieder artikuliert. Hinzu kommt die Ehrauffassung, wonach Konflikte mit anderen selbst gelöst werden müssen, ansonsten gilt man als feige. Bestätigt wurde die geringe Anzeigebereitschaft in der Schülerbefragung des KFN in Leipzig, Hamburg, Hannover, Stuttgart aus dem Jahre 1998.[31]

---

30 Landesstelle gegen die Suchtgefahren für Schleswig-Holstein. (2004). *Aussiedlerinnen und Aussiedler in der Drogenhilfe Schleswig-Holstein: Versorgungssituation, Komsummuster und Zugangsbarrieren zum Hilfesystem.* S. 1
31 Vgl. Pfeiffer/Delzer/Enzmann/Wetzels. a.a.O. S. 132

Anzeigeverhalten 1997 von Gewaltdelikten insgesamt nach ethnischer Herkunft

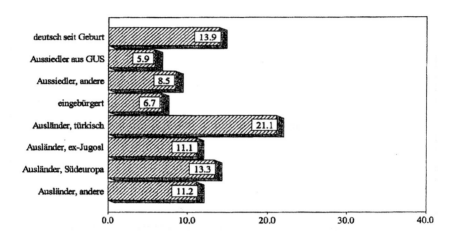

Quelle: DVJJ, Kinder und Jugendliche als Opfer und Täter, 1999, S. 132

Rate nicht angezeigter Delikte nach ethnischer Herkunft und Delikt

	Raub	Erpressung	sexuelle Gewalt	KV mit Waffe	KV ohne Waffe	insgesamt	N (Opfer)
deutsch, einheimisch	75.05 %	82.85 %	95.08 %	86.80 %	91.52 %	86.10 %	1826
Aussiedler, eingebürgert	85.86 %	84.48 %	98.46 %	90.91 %	95.38 %	92.68 %	268
Ausländer, türkisch	52.83 %	73.08 %	(n=7)*	81.63 %	87.22 %	78.92 %	91
Ausländer, sonstige	93.83 %	90.20 %	96.15 %	76.77 %	89.17 %	88.39 %	177
insgesamt	76.27 %	83.27 %	95.77 %	86.53 %	91.73%	86.90 %	2395
N (Opfer)	848	519	288	552	1277	2395	
* Rate wurde wegen einer Stichprobengröße von n < 10 nicht berechnet							

Quelle: DVJJ, Kinder und Jugendliche als Opfer und Täter, 1999, S. 132

Die Spätaussiedlerjugendlichen zeigen hiernach erlittene Kriminalität im Vergleich zu anderen Ethnien am wenigsten an, umgekehrt ausgedrückt haben wir es hier mit einem außerordentlich großen Dunkelfeld zu tun, das bei der sexuellen Gewalt gegen 100 % tendiert.

V. Das Forschungsprogramm (Ostendorf)

Wir haben folgende Forschungsfragen formuliert:
1. Wie verhält sich die Aussiedlerkriminalität im Vergleich zur Ausländerkriminalität und zur Kriminalität Deutscher hinsichtlich ihrer Intensität und Deliktstruktur?
2. Lässt sich bei jungen Aussiedlern aus den GUS-Staaten, die seit Mitte der 90er Jahre übergesiedelt sind, eine Steigerung der Kriminalitätsbelastung feststellen?
3. Wie gestalten sich die Integrationsbemühungen und welche Integrationshemmnisse werden von jungen Aussiedlern gesehen?
4. Welche Bedeutung haben kulturell geprägte Verhaltensmuster für die Aussiedlerkriminalität?
5. Welche Erziehungstechniken verwenden die Eltern jugendlicher Aussiedler? Welche Erziehungsprobleme treten auf? Welche Erfahrungen mit innerfamiliärer Gewalt liegen vor?
6. Wie entwickeln und strukturieren sich Peergruppen jugendlicher Aussiedler?
7. Wie ist der Zusammenhang zwischen Aufenthaltsdauer und Auffälligkeit? Gibt es einen Schereneffekt in der Weise, dass die Auffälligkeit junger Zuwanderer mit guter Integration mit der Aufenthaltsdauer sinkt, während sie bei unzureichender Integration steigt?
8. Stellt der Einreisezeitpunkt während der Pubertät ein besonderes Risiko dar?
9. Wie gehen jugendliche Aussiedler im Herkunfts- und Aufnahmeland mit Autoritäten um?
10. Welche beruflichen und privaten Perspektiven entwickeln junge Aussiedler und was unternehmen sie, um diese zu verwirklichen?
11. Wie reagieren junge Aussiedler auf die Sanktionen des deutschen Justizsystems?
12. Welchen Einfluss haben eventuelle Vorerfahrungen mit dem Justizsystem des Herkunftslandes auf die Wahrnehmung des deutschen Justizsystems?

Zur Beantwortung der gestellten Fragen wurden 4 Untersuchungsmethoden entwickelt.
1. Als erstes wollten wir mehr wissen über das Ausmaß, über die Deliktsstruktur, über die Täter und über die Opfersituation. Dafür wurde ein gesonderter Erfassungsbogen für die Polizei im Bereich der Polizeidirektion Schleswig-Holstein Mitte entwickelt, hierzu gehören die Kreise Rendsburg-Eckernförde, Segeberg und Plön sowie die kreisfreien Städte Kiel und Neumünster (s. Erfassungsbogen im Anhang). Alle im Jahre 2003 von der Polizei ermittelten Vorgänge wurden entsprechend diesem Erfassungsbogen registriert. Die Organisation dieser Untersuchung lag bei Günther Kronbügel.

2. Als zweites haben wir uns den erwischten Straftätern zugewandt, soweit sie zu einer Jugend- bzw. Freiheitsstrafe verurteilt wurden und im Schleswig-Holsteinischen Strafvollzug einsitzen. Ausgewertet wurden alle Gefangenenakten und für die Bewertung wurden Vergleichsgruppen deutscher sowie ausländischer Gefangener gebildet. Damit sollte nicht nur das Verhalten im Strafvollzug, der Umgang der Bediensteten mit diesen Gefangenen und die weitere Prognose dargestellt werden, es sollte sozusagen auch die negative Entwicklungslinie in Deutschland an Hand der biografischen Daten nachgezogen werden. Dieser Teil der Untersuchung stand unter der Leitung von Frau Katrin Zunker; das Ergebnis ihrer Untersuchung wird Grundlage einer entsprechenden Dissertation sein.
3. Vertiefend wurde darüber hinaus ein Großteil der einsitzenden Spätaussiedlergefangenen in leitfaden-gestützten Interviews befragt. Um die Sprachprobleme zu überwinden, wurden hierfür russisch sprechende Studenten am Institut für Psychologie eingesetzt. Die Leitung dieser intensiven Befragungsmethode, wobei auch hier Vergleichsgruppen mit nichtdeutschen Gefangenen gebildet wurden, lag bei den Kollegen Thomas Bliesener und Günter Köhnken.
4. Geplant war darüber hinaus eine Auswertung aller Hilfs- und Unterstützungsprogramme für Spätaussiedler in Schleswig-Holstein. Hierzu hatte sich eine Arbeitsgruppe des Rates für Kriminalitätsverhütung Schleswig-Holstein gebildet. Die Konzeptionierung dieser Arbeitsgruppe ist allerdings auf Schwierigkeiten gestoßen. So wird es ministeriell seit einiger Zeit nicht mehr als sinnvoll erachtet, spezielle Programme für Spätaussiedler aufzulegen. Stattdessen wird eine Erfassung dieser Problemgruppe im Rahmen allgemeiner Integrations- sowie von Jugendhilfemaßnahmen angesteuert. Eine Evaluation bislang durchgeführter Projekte mit dem Ziel, Vorgaben für zukünftige Präventionsmaßnahmen zu entwickeln, scheiterte an der mangelnden Bereitschaft der vom Rat für Kriminalitätsverhütung einbezogenen Institutionen. Als Ersatz wurden Diskussionsrunden mit Betreuern von Spätaussiedlern sowie Lehrern von Spätaussiedlerjugendlichen organisiert, ebenso mit den Spätaussiedlern selbst.

VI. Ergebnisse der polizeistatistischen Erhebung (Kronbügel / Ostendorf)

1. Geringere Gesamtbelastung

Für diese Untersuchung sind wir von der Zuwanderungszahl entsprechend den Angaben der zuständigen Vertriebenenämter ausgegangen. Danach sind in dem untersuchten Bezirk von 1985 bis Ende 2002 21.276 Spätaussiedler mit Einschluss anderer Zuwanderer (jüdische Emigranten) aufgenommen worden. Dies macht einen Bevölkerungsanteil von 2,2 % aus. Diese Orientierung an den Zuweisungszahlen vermittelt zwar keine exakten Einwohnerzahlen, da Veränderungen durch Todesfälle, Geburten und vor allem durch Umzüge eintreten. Da für unser Untersuchungsgebiet keine Hinweise für diesbezügliche Besonderheiten vorliegen und da vor allem die Zuweisungszahlen die einzige Datenquelle sind, erscheint es wissenschaftlich erlaubt, damit zu operieren. Hinsichtlich der Geschlechtsstruktur zeigen sich bei den Spätaussiedlern keine Besonderheiten im Vergleich zur einheimischen Bevölkerung, wohl aber hinsichtlich der Altersstruktur. Der Anteil der unter 25jährigen beträgt 44,2 %, während der Anteil dieser Altersgruppe in der Aufnahmegesellschaft lediglich 25,9 % beträgt.

Hinsichtlich der Kriminalitätsgesamtbelastung wurden im Vergleich zum Bevölkerungsanteil von 2,2 % unterdurchschnittliche Zahlen ermittelt. Der Tatverdächtigenanteil beträgt nur 1,5 %. Noch deutlicher zeigt sich die geringere Kriminalitätsbelastung an Hand der errechneten Tatverdächtigenbelastungszahlen, wobei die registrierten Straftaten auf 100.000 der jeweiligen Bevölkerungsgruppe umgerechnet werden.

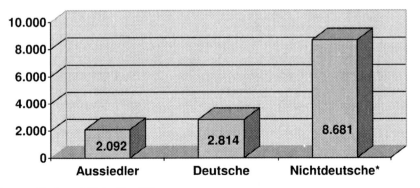

* Ohne ausländerrechtliche Verstöße

Alle weiteren Betrachtungen müssen vor diesem Hintergrund der geringeren Gesamtbelastung angestellt werden!

2. *Deliktpräferenzen: Rohheitsdelikte und einfacher Diebstahl*

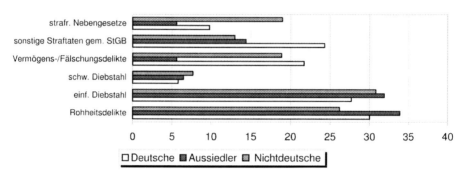

(Nichtdeutsche ohne ausländerrechtliche Verstöße)

Die Grafik zeigt bei den Aussiedlern deutliche Deliktspräferenzen zu Gunsten der Rohheitsdelikte und des einfachen Diebstahls. Rohheitsdelikte sind Raub, räuberische Erpressung, Körperverletzungsdelikte, auch fahrlässige Körperverletzungen, Freiheitsberaubung, Nötigung und Bedrohung. Mit 65,8 % machen diese beiden Deliktsbereiche fast 2/3 aller Straftaten aus, in denen Aussiedler als Tatverdächtige ermittelt wurden. Auffällig hoch ist bei den Aussiedlern mit 41,1 % der Anteil der gefährlichen und schweren Körperverletzungsdelikte an allen Rohheitsdelikten, bei denen sie als Tatverdächtige ermittelt worden sind. Hier erreichen die sonstigen Deutschen und die Nichtdeutschen lediglich Werte von 22,6 % bzw. 26,1 %. Die Evaluation zum »Haus des Jugendrechts« ergab demgegenüber keine Auffälligkeiten von Gewaltdelikten.[32] Im Bereich des einfachen Diebstahls dominiert bei den Aussiedlern der Ladendiebstahl mit einem Anteil von 78,2 % gegenüber 64 % bei den sonstigen Deutschen und 75,2 % bei den Nichtdeutschen.

---

32 Vgl. Feuerhelm/Kügler. (2003). *Das »Haus des Jugendrechts« in Stuttgart Bad Cannstatt.* S. 147

3. Problemgruppe: Junge Männer

Der Anteil der ermittelten weiblichen Tatverdächtigen liegt deutlich unter dem Anteil der einheimischen wie der ausländischen Bevölkerung. Spätaussiedlermädchen und -frauen begehen deutlich weniger Straftaten als ihre deutschen und nichtdeutschen Geschlechtsgenossinnen.

Hinsichtlich der Altersstruktur weist die Altersgruppe der 18- bis 25jährigen Männer die höchste Kriminalitätsbelastung auf. Diese liegt hier sogar etwas höher als bei den deutschen 18- bis 25jährigen, aber deutlich unter der Kriminalitätsbelastung der Nichtdeutschen. Alle anderen Altersgruppen werden polizeilich deutlich weniger auffällig im Vergleich sowohl zu Deutschen als auch erst recht zu Nichtdeutschen, obwohl sie mit den selben Integrationsproblemen zu tun haben.

Tatverdächtigenbelastungsziffern von Aussiedlern, Deutschen und Nichtdeutschen nach Altersgruppen und Geschlecht

	Aussiedler			Deutsche			Nichtdeutsche*		
	m	w	insges.	m	w	insges.	m	w	insges.
< 14	344	-	179	1.826	772	1.313	4.151	922	2.554
14- < 18	9.673	1.536	6.012	13.811	5.300	9.652	24.292	6.395	15.685
18- < 25	14.971	1.843	8.392	14.086	3.503	8.899	24.547	4.967	14.485
> 25	2.203	386	1.249	3.486	989	2.206	12.722	3.504	8.161

* Ohne ausländerrechtliche Verstöße

4. Keine Mehrfachauffälligkeit

Zur Mehrfachauffälligkeit zeigen sich im Vergleich zu den sonstigen Deutschen bzw. Nichtdeutschen keine Besonderheiten. Das Kriminologische Forschungsinstitut Niedersachsen ist nach Schülerbefragungen zu anderen Ergebnissen gekommen (Die Zeit vom 10.11.2005, S. 4). Danach gehören 2,9 % der jungen Deutschen zu Intensivtätern, bei den Spätaussiedlern sind es etwas mehr als 6 %. Noch größer ist der Anteil bei Jugoslawen (8,3 %) und bei Türken (10,3 %). Nach Auskunft von Christian Pfeiffer wird der Forschungsbericht aber erst im Jahre 2006 veröffentlicht, erst dann ist auch die Validität dieser Befragung überprüfbar.

Die eindeutig meisten Spätaussiedlertatverdächtigen sind nach unserer Untersuchung Einmaltäter (80,2 %), 16,6 % fielen auf wegen 2 bis 4 Taten. Echte Mehrfachtäter waren 3,1 % der Tatverdächtigen.[33]

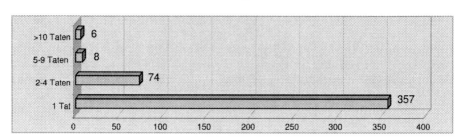

Ein- und Mehrfachauffälligkeit von Aussiedlern

5. Einzeltäter überwiegen

Von insgesamt 611 polizeilich registrierten Straftaten durch Aussiedler wurden bei 588 Datensätzen Angaben zur Frage »allein / gemeinschaftlich handelnd« gemacht, in 23 Datensätzen wurden hierzu keine Angaben gemacht. Im Ergebnis wurden von den 588 auswertefähigen Straftaten 380 (64,6 %) durch Einzeltäter begangen, 208 (35,4 %) durch mehrere Täter gemeinschaftlich. Festzustellen ist eine positive Korrelation zwischen Gruppendelinquenz und Deliktsschwere: so waren von den 208 gemeinschaftlich begangenen Straftaten 99 (gef.) Körperverletzungs- oder Raubdelikte, während diese Delikte bei den allein handelnden Tätern lediglich 68 von 380 Straftaten ausmachten.

Dieses Ergebnis steht im tendenziellen Gegensatz zur Schülerbefragung des KFN. Danach gaben die Opfer an, dass es sich zu 58,3 % um Gruppendelikte gehandelt habe, bei osteuropäisch eingestuften Tätern sogar um 77,6 %.[34] Wie von den Autoren selbst eingeräumt ist die ethnische Zuordnung eine unsichere subjektive Zuschreibung. Auch kann vermutet werden, dass der Gruppenbezug bei personalisierten Opfern höher ausfällt bzw. angegeben wird als z. B. bei Ladendiebstahl.

---

33 Ebenso das Ergebnis der Evaluation zum »Haus des Jugendrechts«. S. 148
34 S. Pfeiffer/Delzer/Enzmann/Wetzels. a.a.O. S. 135, 138

6. Später Beginn

Zur Aufenthaltsdauer ist auffällig, dass die eindeutig meisten Straftäter bereits 5 Jahr und länger in Deutschland leben. Auch die meisten jungen Straftäter leben schon so lange bei uns. Eine Erklärung für die relativ späte Kriminalitätsentwicklung könnte sein, dass erst im Laufe der Jahre die Enttäuschung über nicht eingestellte Berufs- und Lebenserwartungen in eine gewalthafte Interessendurchsetzung umschlägt bzw. erst später kriminogene Subkulturen dominant werden. Eine andere Erklärung kann in der Kulturkonflikttheorie gefunden werden, wobei dieser Konflikt – wie bei den ausländischen Einwanderern der zweiten und dritten Generation – als innerer Konflikt über die maßgebenden Werte und Normen erst später ausbricht und in eine Orientierungslosigkeit einmündet.

7. Wenige Straftaten gegen eigene Landsleute

Zur Opfersituation ist einerseits auffällig, dass relativ wenige Straftaten zum Nachteil eigener Landsleute begangen werden. Hierbei ist jedoch zu berücksichtigen, dass eine Anzeige in diesen Kreisen als unehrenhaft gilt und deshalb ein großes Dunkelfeld zu vermuten ist. Bezeichnend ist insoweit der Ausspruch eines Spätaussiedler-Jugendlichen, wie er von Herrn Kronbügel zitiert wird: »Wenn Du zur Polizei gehst, bist Du Arschloch oder Frau«.[35] Als zweites fällt hinsichtlich der Opfersituation auf, dass fast jedes zweite Opfer eine Frau war, die bei der Polizei eine Anzeige wegen eines Körperletzungsdelikts erstattet hat. Nach der Polizeilichen Kriminalstatistik sind ansonsten Frauen von Körperverletzungsdelikten zu 36,0 % betroffen.[36] Der gewaltfreie Umgang mit dem anderen Geschlecht ist etwas, was offensichtlich von der Spätaussiedlergeneration vielfach erst noch gelernt werden muss.

8. Zusammenfassende Ergebnisse

Zusammenfassende Ergebnisse unter Einbeziehung der Diskussionsrunden mit Betreuern und Betroffenen:
1. Spätaussiedlerkriminalität ist polizeistatistisch nicht nur kein besonderes Kriminalitätsproblem, die Kriminalitätsbelastung der Spätaussiedler liegt unter der Kriminalitätsbelastung der einheimischen Bevölkerung. Nur die Kriminalität der jungerwachsenen Spätaussiedler ist überproportional hoch. Spätaussiedlerkriminalität ist – verkürzt ausgedrückt – Jugendkriminalität, insbesondere Jungerwachsenenkriminalität.

---

35 Vgl. Kronbügel. (2002). *Delinquenz von Spätaussiedlern im Kreis Plön – eine Bestandaufnahme*. S. 26
36 Vgl. *PKS 2004*. S. 155

2. Die Anzeigebereitschaft innerhalb der ethnischen Gruppe ist gering, möglicherweise auch von außenstehenden Opfern wegen des besonderen Drohpotentials der Spätaussiedler. Dies spricht für ein großes Dunkelfeld.
3. Spätaussiedlerkriminalität ist noch mehr als sonst männlich. Spätaussiedlerkriminalität ist männliche Jugendkriminalität und Jungerwachsenenkriminalität.
4. Damit zeigen sich auch hier die typischen Phänomene von Kriminalität junger Menschen, die sich offensichtlich bei Spätaussiedlern auf Grund des Wechsels der kulturellen Normen verstärken, die da sind:

a) Zusammenbruch der patriarchalischen Familienstruktur
Die in den Herkunftsländern dominanten Väter verlieren für die Kinder und Jugendlichen von heute auf morgen ihr Ansehen und ihre Einflussnahme. Die Väter sind nicht mehr die Ernährer der Familie, werden nicht anerkannt. Die Mütter können nur unzulänglich die Vakanz auffüllen. Viele Kinder, Jugendliche fühlen sich von den Eltern hintergangen (»verarscht«), weil die Versprechungen, insbesondere die materiellen Versprechungen für die Übersiedlung nicht eingelöst wurden.

b) Mangelnde Akzeptanz des staatlichen Gewaltmonopols
Der Staat war in den Herkunftsländern, insbesondere mit seinen Institutionen Polizei und Militär, Gegner. Man hat vor dieser Gewalt gekuscht, ohne sie anzuerkennen. Der Legitimation stand eine höchst ungerechte, brutale Machtausübung dieser staatlichen Instanz entgegen. Diese abwehrende, feindliche Einstellung gegenüber Staatsorganen wird nach Deutschland transportiert. Eine Folge dieser feindseligen Einstellung ist das Ablehnen staatlicher Hilfe sowie das Bestreben, Konflikte mit Eigengewalt zu lösen.

c) Normalität von Eigengewalt
Nicht nur in Konfliktsituationen sondern auch zur Interessendurchsetzung ist für viele männliche Spätaussiedler Eigengewalt etwas Normales. Das haben sie so gelernt, in der Familie, in ihren sozialen Gruppen. Wer keine Gewalt anwendet, unterliegt nicht nur, er ist feige und er wird verachtet.

d) Nichtverstehen der Reaktion von Polizei und Justiz auf Straftaten
In den Herkunftsländern haben die Spätaussiedler eine ganz andere Reaktion auf Straftaten erfahren als bei uns. Wer dort auffiel, wurde entweder sofort »einkassiert« oder musste seine Freiheit erkaufen. Korruption war alltäglich für die, die bezahlen konnten. Die anderen wurden drakonisch bestraft. Polizeiprügel waren keine Seltenheit. Unser rechtsstaatliches Strafensystem, das auf die individuelle Schuld abstellt und das bei Jugendlichen versucht, zunächst mit erzieherischen Mitteln zu reagieren, wird nicht verstanden.

e) Starke Verunsicherung, sich in unserer Gesellschaft zurecht zu finden
Der Zusammenbruch der Familienstruktur, die Ablehnung der deutschen staatlichen Institutionen und das Nichtverstehen unserer Rechtsordnung führen darüber hinaus zu einer starken Verunsicherung, sich im gesellschaftlichen Leben zurecht zu finden. Die gesellschaftlichen Verhältnisse im Herkunftsland waren ganz anders, das Leben war ungemein härter. Eine Sozial-

hilfe oder eine Krankenversorgung wie bei uns gab es nicht. Hier ist das Leben sehr ambivalent: Den Wohlstand der anderen kann man nicht erreichen, aber es lässt sich im Vergleich zu früher ganz gut leben.
5. Als Risikofaktor kommt die anomische Situation vieler junger Spätaussiedler hinzu, d. h. ihnen stehen nicht die finanziellen Mittel zur Verfügung, um die in unserer Gesellschaft angepriesenen Ziele von Wohlstand und des Besitzes bestimmter Konsumgüter zu erreichen. Es entwickelt sich vielmehr eine Perspektivlosigkeit, wobei der Ausweg in illegalen Mitteln gesucht wird. Diese sind zunehmend auch Drogen. Hauptgründe für diese Perspektivlosigkeit sind die mangelnden Kenntnisse der deutschen Sprache sowie schlechte Schulabschlüsse.
6. Ganz wichtig ist aber festzuhalten, dass diese kulturellen und situativen Erschwernisse für die Integration von Spätaussiedlern von einem Großteil gemeistert werden.[37] Schon in den Schulen zeigt sich ein Teil als besonders leistungsorientiert. Die geringe Zahl der Straffälligen beweist diese Aussage, auch wenn wir das Dunkelfeld nicht einschätzen können. Weiterhin gilt es, zwischen den Straftätern zu differenzieren: Wie bei den deutschen Jugendlichen gilt es, jugendtypische Kriminalitätsauffälligkeiten in Form von Ladendiebstählen, Verkehrsdelikten zu unterscheiden von Gewalttaten, und es gilt, Einzeltäter von Intensivtätern zu unterscheiden, bei denen Kriminalität zur Lebensform wird.

---

37 Ebenso der neue Beirat für Spätaussiedlerfragen beim Bundesministerium des Innern, BMI Pressemitteilung vom 12.4.2006.

VII. Spätaussiedler im Strafvollzug (Zunker/Ostendorf)

1. Forschungsstand

Winkler (2003) kommt auf der Grundlage ihrer Untersuchung zu der Erkenntnis, dass junge Aussiedler im Strafvollzug gegenüber anderen Gefangenengruppen vor der Inhaftierung seltener Diversionsmaßnahmen durchlaufen haben, häufiger U-Haft verbüßen, durchschnittlich zu höheren Jugendstrafen verurteilt werden und dass im Mittel eine deutlich kürzere Zeit zwischen Entlassung und Wiederinhaftierung liegt. Letzteres bestätigen auch Walter und Grübel, die 1998 eine Untersuchung der »Russlanddeutschen« im Jugendstrafvollzug in Baden-Württemberg (JVA Adelsheim) durchgeführt haben. Sie fanden weiterhin, dass schulische und berufliche Vorbildung gegenüber den einheimischen Insassen unterdurchschnittlich war, dass sich die Spätaussiedler zu 21 % selbst zum Strafantritt stellten und dass es sich bei den verurteilten Delikten überwiegend um BtM- und Sexualdelikte handelte. Nach dieser Untersuchung räumten 78 % der »Russlanddeutschen« beim Zugang ein, Opiate in Freiheit konsumiert zu haben. Gegen »Russlanddeutsche« wurden weiterhin überdurchschnittlich viele Disziplinarmaßnahmen angeordnet und Ausgang und Urlaub wurden gegenüber den einheimischen Inhaftierten (62 %) weniger gewährt (42 %).

In einer Umfrage bei den obersten Justizbehörden der Bundesländer wurden mehrfach ernsthafte Probleme mit »Russlanddeutschen« benannt. »Sie zeichneten sich durch einen gefestigten Zusammenhalt und eine streng hierarchische Gruppenstruktur aus. Behandlungsmaßnahmen seien bei ihnen besonders schwierig zu installieren« (Winkler, 2003; ebenso Walter/Grübel, 1999).

2. Gefangenenzahlen in Schleswig-Holstein

Die Stichtagserhebung in Schleswig-Holstein vom 15.10.2004 ergab, dass der Anteil der inhaftierten Spätaussiedler an der Gesamtinhaftiertenzahl (1127) 4,79 % (54, davon 1 Frau) betrug. Während der Anteil der Spätaussiedler im Erwachsenenvollzug bei 4,08 % (Gesamtinhaftiertenzahl: 1004, davon 975 Männer und 29 Frauen; Spätaussiedler: 41, davon 40 Männer und 1 Frau) lag, machte der Anteil der nach Jugendstrafrecht Verurteilten einen Prozentsatz von 10,56 % aus (insgesamt: 123; Spätaussiedler: 13). Insbesondere im Jugendstrafvollzug fallen die Spätaussiedler als Inhaftiertengruppe ins Gewicht.

Da sich in der Justizvollzugsanstalt Neumünster der Großteil (über 50 %) der inhaftierten Spätaussiedler befindet (zum 15.10.2004 waren es 20 Erwachsene und 8 Jugendliche), wurde diese Anstalt für die Analyse ausgewählt.

3. Die Justizvollzugsanstalt und die Jugendanstalt Neumünster

Die Justizvollzugsanstalt Neumünster ist zuständig für männliche Erwachsene mit Freiheitsstrafen von 6 Monaten bis 5 Jahren im Erstvollzug sowie für männliche erwachsene Strafgefangene in Abweichung vom Vollstreckungsplan zum Zwecke der beruflichen und schulischen Qualifizierung. Zusätzlich wird die Untersuchungshaft für den Landgerichtsbezirk Kiel hier vollzogen.

Die Jugendanstalt Neumünster ist zuständig für männliche Jugendliche und Heranwachsende zur Vollstreckung einer Jugendstrafe.
   Die Justizvollzugsanstalt Neumünster ist die zentrale Ausbildungsanstalt des Landes Schleswig-Holstein. Sie bietet an:
- Schulkurse (u. a. Deutschkurse für Ausländer und Aussiedler)
- Maßnahmen zur Ausbildung und Umschulung
- Berufsorientierende und berufsbildende Lehrgänge (BFW-Lehrgänge)
- EDV-Lehrgänge
- Arbeit in Hauswirtschaftsbetrieben, Eigenbetrieben und in Unternehmerbetrieben.

Zudem werden besondere Hilfs- und Behandlungsmaßnahmen, z. B. Sexualstraftäter- und Gewaltstraftätertherapie, angeboten.
   Seit 2002 befindet sich in Neumünster die Zentralstelle zur landesweiten Koordinierung der Arbeit mit ausländischen Gefangenen und Aussiedlern. Diese bietet an:
- Sprachkurse für Bedienstete,
- Einbindung externer Mitarbeiter mit ausländischer Herkunft und
- interkulturelle Fortbildungsseminare für Bedienstete zur ehemaligen Sowjetunion und zu muslimischen Staaten.

4. Die Untersuchungsmethode

Die gewählte Untersuchungsmethode ist die Analyse von Gefangenenpersonalakten. In diesem Zusammenhang sollen kurz die Probleme skizziert werden, die mit der Methode der Aktenanalyse verbunden sind:
- Die aktenmäßige Erfassung von Vorgängen und Entscheidungen in der Verwaltung dient der Information und der Kontrolle; Verwaltungshandeln soll überprüfbar sein, der Akteninhalt ist somit für die Legitimierung einzelner Entscheidungen von Bedeutung.
- Umgekehrt finden nicht alle Vorgänge und Entscheidungen ihren Niederschlag in den Akten. Es gibt unbewusste Auslassungen sowie – aus unterschiedlichen Grünen – bewusste Auslassungen.
- Der Akteninhalt gründet sich nur z. T. auf unmittelbare Kontakte zu den Gefangenen. Als Informationsquelle dienen zu einem großen Anteil andere In-

stanzen, so z. B. die Strafgerichte in Form der übermittelten Strafurteile. Die in den Akten niedergelegten Informationen sind daher das Endprodukt vielfacher »Filterungen«. Sie sind vor allem Spiegel der Einstellungen und Bewertungsmuster derer, die die Akten produzieren.

Hieraus kann jedoch nicht die Schlussfolgerung gezogen werden, dass Akten keine objektiven Informationen enthalten und somit als wissenschaftliche Untersuchungsmethode ausscheiden. Zum Bereich der so genannten harten Daten gehören z. B. Alter und Geschlecht der Inhaftierten und festgehaltene Fristen. Im Kontext mit anderen Informationen, z. B. Befragungen von Gefangenen und Bediensteten, gibt auch der weitere Akteninhalt Aufschluss über die Situation im Strafvollzug.

5. Die Vorgehensweise

Die Identifizierung der Spätaussiedler erfolgte über die Geburtsorte. Zum Untersuchungszeitpunkt befanden sind hiernach 28 Spätaussiedler im Vollzug. Bei einer Gesamtinhaftiertenzahl von 582 Gefangenen war dies ein Anteil von 4,8 %. Davon befanden sich ca. 2/3 im Erwachsenenvollzug und 1/3 im Jugendvollzug. Im Erwachsenenvollzug betrug der Anteil 4,4 %. Zum Vergleich hierzu stellten die Ausländer einen Anteil von 26,4 %. Der Spätaussiedleranteil im Jugendvollzug betrug 6,2 %, der Ausländeranteil 12,5 %.

Die Anzahl und die Verteilung der Spätaussiedler im Jugend- bzw. Erwachsenenvollzug blieb im Untersuchungszeitraum in etwa gleich. Durch Zu- und Abgänge hat sich jedoch die tatsächliche Gefangenenpopulation der Spätaussiedler verändert. Um das Datenmaterial aufzustocken, wurden die Zugänge bis zum 13.9.2004 mit einbezogen. Demnach ergibt sich für die Untersuchung eine Gesamtanzahl von 38 Spätaussiedlern.

Zu dieser Spätaussiedlergruppe wurden entsprechend große Vergleichsgruppen von Ausländern und Einheimischen (i. W. »Deutsche« genannt) gebildet, wobei die Deliktstruktur, das Alter und bei den Ausländern die Verweildauer in Deutschland die maßgeblichen Auswahlkriterien bildeten. Insgesamt wurden so 114 Gefangenenakten ausgewertet.

6. *Ergebnisse*

a) Alter, Herkunft, Zuwanderungsjahr

Der überwiegende Anteil der Spätaussiedler ist 24 (13,2 %) bzw. 25 (10,5 %) Jahre alt. Diese beiden Altersjahrgänge machten allein 23 % aus. Der Mittelwert des Alters liegt bei 26 Jahren.

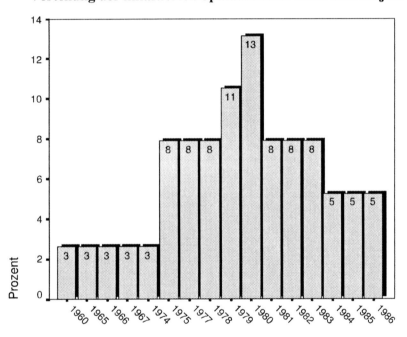

Verteilung der inhaftierten Spätaussiedler nach Geburtsjahr

Der überwiegende Anteil (zu 52 %) stammt aus Kasachstan.
Hinsichtlich der Zuwanderungsjahre zeigt sich, dass der überwiegende Anteil bereits 1993 eingewandert ist. Dieser Anteil macht ca. 28 % aus. Mit Einschluss der weiteren Jahrgänge befinden sich somit die meisten Inhaftierten bereits über 10 Jahre in der Bundesrepublik Deutschland.

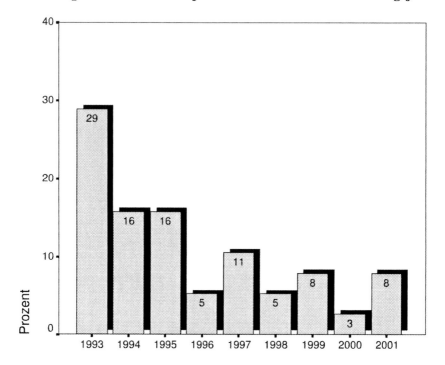

Verteilung der inhaftierten Spätaussiedler nach Zuwanderungsjahren

Setzt man die Variable »Geburtsjahr« mit der Variable »Zuwanderungszeitpunkt« in Beziehung, zeigt sich, dass die Spätaussiedler nach dem Mittelwert im Alter von 17 Jahren in die Bundesrepublik gekommen sind, also in einem problematischen Jugendalter.

b) Deliktsstruktur

Die Deliktstruktur orientiert sich an dem Delikt, das Hauptgrund der letzten Verurteilung war. Hiernach ergibt sich, dass die Roheitsdelikte mit 34 % überwiegen, gefolgt von den Diebstahlsdelikten (einfacher und schwerer Diebstahl zusammen über 30 %) und von BtM-Delikten (18 %). Sexualstraftaten waren nur zu einem kleinen Teil Inhaftierungsgrund.

Deliktsstruktur der Spätaussiedler

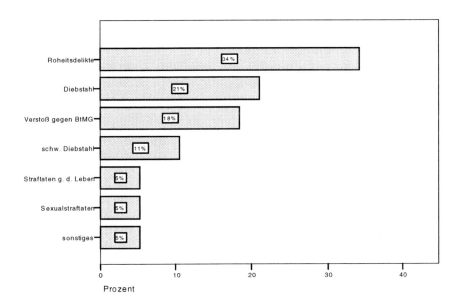

Im Vergleich zu den Deutschen »sitzen« Spätaussiedler seltener wegen Rohheitsdelikten ein, häufiger wegen einfachen Diebstahls. Allerdings ist der Anteil der Rohheitsdelikte bei den Ausländern deutlich niedriger, es überwiegen die Verstöße gegen das BtMG.

Deliktsstruktur im Vergleich

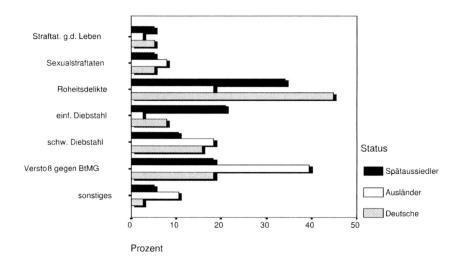

c) Drogenabhängigkeit

Die Drogenabhängigkeit scheint besonders bei den Spätaussiedlern zu bestehen. 73 % gaben im Aufnahmegespräch an, dass sie in Freiheit legale wie illegale Drogen konsumiert haben und dass insoweit eine Abhängigkeit besteht. Dieser Anteil liegt etwas höher als bei den Deutschen mit 71 % und deutlich höher als bei den Ausländern mit 44 %. Ob allerdings die Angaben der Ausländer angesichts der hohen Verurteilungsquote wegen BtM-Delikten aussagekräftig ist, mag bezweifelt werden.

Erklärung über Drogenabhängigkeit bei Eingangsuntersuchung

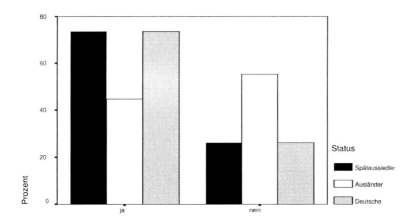

d) Schuldenlast

Im Vergleich zu den Deutschen haben Spätaussiedler deutlich weniger Schulden beim Aufnahmegespräch angegeben. Allerdings stellt sich die Frage, ob im Hinblick auf einen besonderen Ehrenkodex der Spätaussiedler hier eine Verzerrung unterstellt werden muss. Ein anderer Grund für die Differenzen könnte sein, dass Spätaussiedler größere Probleme haben, einen Bankkredit zu erhalten. Dies würde auch die deutlich geringere Schuldenlast der Ausländer erklären.

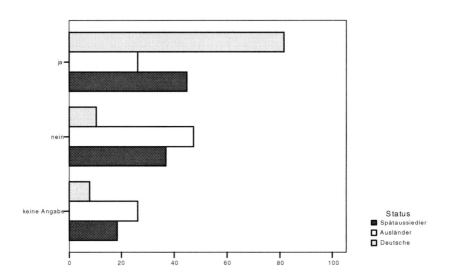

e) Vorbelastung

Hinsichtlich der Vorbelastung ergibt sich, dass der größte Anteil der Spätaussiedler – etwas mehr als 50 % – eine bis fünf Voreintragungen aufweisen. Damit liegen sie deutlich an der Spitze der Vergleichsgruppen. Die Mehrzahl der Deutschen mit 40 % weisen Voreintragungen von sechs bis zehn auf. 16 und mehr Eintragungen sind nur bei den Deutschen und bei den Ausländern zu finden. Hieraus lässt sich der vorsichtige Rückschluss ziehen, dass im Verlauf einer kriminellen Karriere Spätaussiedler früher inhaftiert werden.

Einträge in das Zentral- und Erziehungsregister

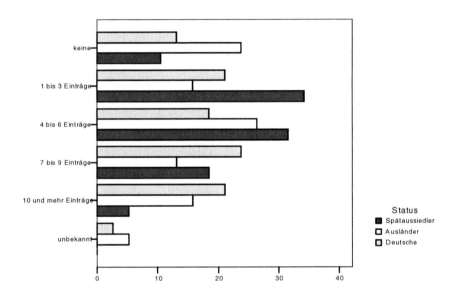

f) Vorherige Untersuchungshaft

Der Mittelwert der U-Haft-Dauer liegt bei Spätaussiedlern mit 133 Tagen deutlich über dem der Deutschen (94 Tage), wird aber noch erheblich von den Ausländern übertroffen (179 Tage). Bei Spätaussiedlern und insbesondere bei Ausländern wird offensichtlich »schneller« der Haftgrund der Flucht- bzw. der Verdunkelungsgefahr angenommen.

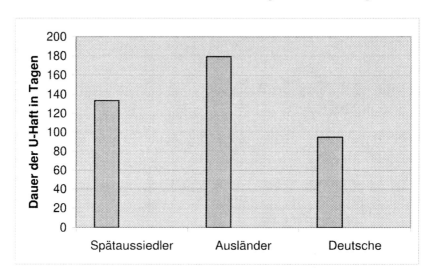

Mittelwert der Untersuchungsdauer im Vergleich

Dem entspricht, dass die Ausländer am häufigsten aus der U-Haft in den Vollzug aufgenommen werden. Es sind dies ca. 50 %. Der Selbststelleranteil betrug ca. 25 %. Der verbleibende Rest musste zwangsweise inhaftiert werden.

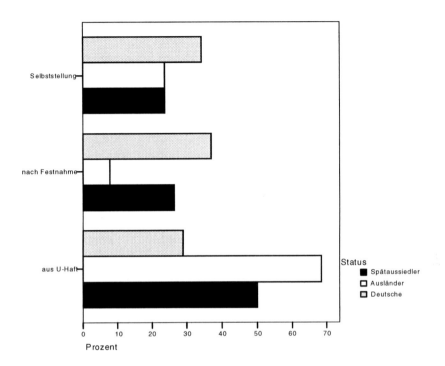

g) Voraussichtliche Haftdauer

Die durchschnittliche voraussichtliche Haftdauer nach den Strafmaßen der Urteile beträgt bei den Spätaussiedlern 2,3 Jahre und liegt damit unter der Haftdauer der Deutschen. Die Ausländer weisen hierbei mit 3,3 Jahren die höchste durchschnittliche Dauer auf.

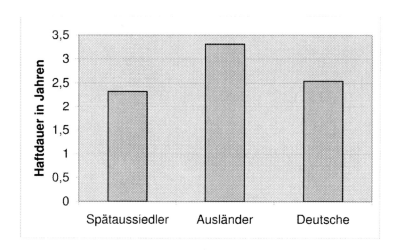

h) Schulische Maßnahmen

57 % (= 22) der Spätaussiedler nehmen an keinen schulischen Maßnahmen teil. Damit liegen sie hinter den Deutschen (70 %). Die hauptsächlichen Maßnahmen sind Deutschkurse für Aussiedler (34,2 % = 13), Förderschulkurse (= 1) und Hauptschulkurse (= 2). Die Ausländer nehmen zu 50 % (= 19) an Deutschkursen teil, Hauptschulkurse und sonstige schulische Qualifizierungen spielen bei ihnen keine Rolle.

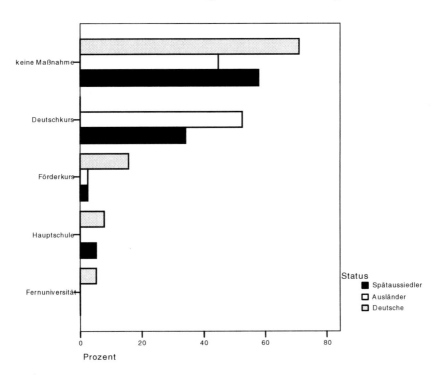

Schulische Ausbildungsmaßnahmen im Vergleich

Die Bewertung der schulischen Maßnahmen steht allerdings in Abhängigkeit von den vor Haftantritt erlangten Schulabschlüssen. Hier schneiden die Spätaussiedler im Vergleich zu den Ausländern, aber auch zu den Deutschen deutlich besser ab.

Erreichte Schulabschlüsse zum Tatzeitpunkt

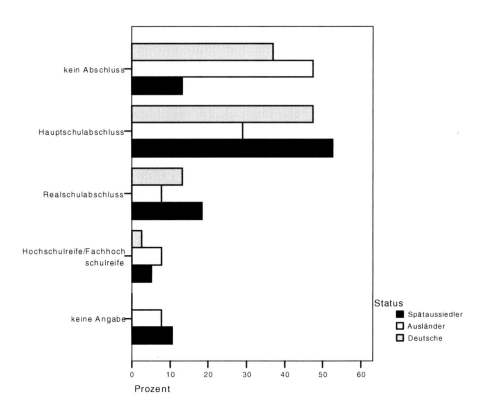

i) Ausbildungsmaßnahmen

50 % (= 20) der Spätaussiedler durchlaufen keine Ausbildungsmaßnahmen. Der Hauptanteil (31 % = 12) sind BFW-Lehrgänge, d. h. berufsorientierende und berufsfördernde Maßnahmen.

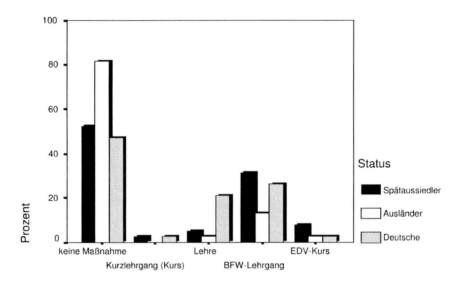

Berufliche Ausbildungsmaßnahmen in der Haft im Vergleich

j) Arbeit

Spätaussiedlern wird nur zu einem sehr kleinen Anteil Arbeit zugewiesen:

Arbeitszuweisung in Haft

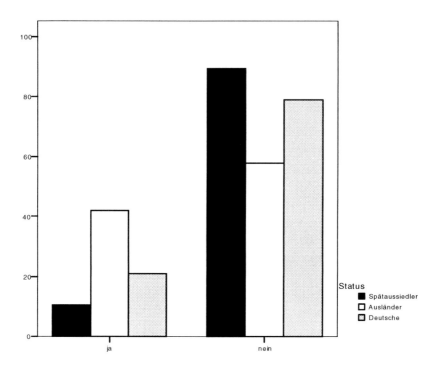

Eine Erklärung hierfür lässt sich aus den Akten nicht entnehmen, auch wenn das Interesse an einem Arbeitsplatz geringer ausfällt als bei den Ausländern und insbesondere bei den Deutschen:

Interesse am Arbeitsplatz in Haft

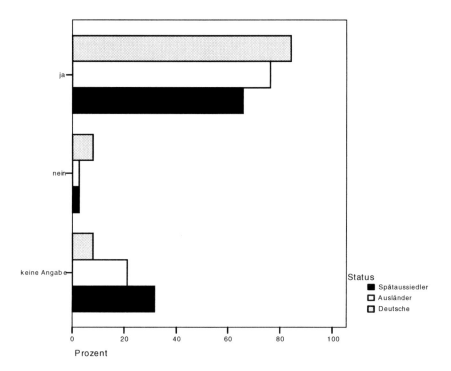

k)   Vollzugslockerungen

Spätaussiedler erhalten am wenigstens Ausgänge (§ 11 Abs. 1 Nr. 2, 2. Alternative, § 35 StVollzG). Über 86 % (= 33) – gegenüber 13,2 % (= 5) – erhalten bis zum Erhebungszeitpunkt keine Ausgänge. Damit liegen sie noch unter den Ausländern, denen immerhin zu 15,8 % (= 6) Ausgang gewährt wird, obwohl hier die drohende Ausweisung in der Praxis als ein Hindernis für Vollzugslockerungen angesehen wird.

Ausgang aus sozialen Gründen

			Ausgang aus sozialen Gründen		Gesamt
			ja	*nein*	
Status	Spätaussiedler	Anzahl	5	33	38
		% von Status	13,2%	**86,8%**	100,00%
	Ausländer	Anzahl	6	32	38
		% von Status	15,8%	**84,2%**	100,00%
	Deutsche	Anzahl	8	30	38
		% von Status	21,1%	**78,9%**	100,00%
Gesamt		Anzahl	19	95	114
		% von Status	16,7%	83,3%	100,00%

Auch beim Urlaub aus der Haft (§ 13 StVollzG) stehen die Spätaussiedler »am schlechtesten« da:

Urlaub aus der Haft

			Ausgang aus sozialen Gründen		Gesamt
			ja	*nein*	
Status	Spätaussiedler	Anzahl		38	38
		% von Status		**100,00%**	100,00%
	Ausländer	Anzahl	1	37	38
		% von Status	2,6%	**97,4%**	100,00%
	Deutsche	Anzahl	5	33	38
		% von Status	13,2%	**86,8%**	100,00%
Gesamt		Anzahl	6	108	114
		% von Status	5,3%	97,4%	100,00%

l) Disziplinarmaßnahmen

Im Gegensatz zu anderen Erhebungen, nach denen Spätaussiedler im Vollzug besondere Schwierigkeiten bereiten, zeigen sich die Spätaussiedler in unserer Untersuchung am angepasstesten. Bei ihnen wurden zu 36,8 % Disziplinar- bzw. Erziehungsmaßnahmen angeordnet. Dies wird von den Ausländern mit über 40 % und von den Deutschen mit über 50 % deutlich übertroffen.

Auch hinsichtlich der Häufigkeit der Disziplinarmaßnahmen sind die Spätaussiedler unterrepräsentiert:

7. Zusammenfassung

Die wichtigsten Ergebnisse der Analyse der Gefangenenpersonalakten lauten:
- Die Altersgruppe der 24- und 25jährigen macht die Hauptpopulation der Spätaussiedler im Strafvollzug aus. Dieses Ergebnis deckt sich mit der polizeistatistischen Erhebung: Die jungen Männer sind das Kriminalitätsproblem der Spätaussiedler.
- Kriminalitätsprobleme bereiten weniger die »frisch« Zugezogenen, sondern vielmehr diejenigen, die schon 10 Jahr und länger sich in der Bundesrepublik Deutschland aufhalten.
- Auffällig ist hinsichtlich der Deliktstruktur, dass zwar die Rohheitsdelikte überwiegen, dass aber im Vergleich zu den Deutschen noch mehr Deutsche wegen dieser Deliktsgruppe »einsitzen«.
- Die Strafjustiz scheint bei Spätaussiedlern früher repressiv zu reagieren als bei Deutschen und Ausländern. Insbesondere deutsche Strafgefangene weisen mehr Vorverurteilungen auf. Auch liegt die durchschnittliche Untersuchungshaftdauer der Spätaussiedler über dem Mittelwert der Deutschen. Bei Spätaussiedlern, allerdings noch häufiger bei Ausländern, wird offensichtlich »schneller« der Haftgrund der Flucht bzw. der Verdunkelungsgefahr angenommen.
- Auffällig ist, dass die Spätaussiedlergefangenen deutlich bessere Schulabschlüsse vorweisen als die Deutschen und insbesondere als die Ausländer. Es wäre allerdings voreilig, hieraus den Rückschluss zu ziehen, Spätaussiedler hätten bessere Chancen bei der Berufsausbildung und bei der Arbeitsplatzsuche. Den Schulabschlüssen in den Herkunftsländern wird offensichtlich ein geringerer Wert beigemessen, hinzukommen die Sprachprobleme. Dem entspricht, dass Spätaussiedlern in der Haft nur zu einem kleinen Teil Arbeit zugewiesen wird.
- Im Vollzug erhalten Spätaussiedler im Vergleich zu deutschen sowie ausländischen Gefangenen am wenigsten Vollzugslockerungen. Einer Erklärung, Spätaussiedler würden sich im Vollzug nicht kooperativ, vielmehr widerbors-

tig und aggressiv verhalten, steht entgegen, dass gegen Spätaussiedlergefangene am wenigstens Disziplinar- und Erziehungsmaßnahmen angeordnet werden. Da auch die Deliktschwere und die Vorverurteilungsrate keine Begründung für die restriktive Vollzugslockerungspraxis abgeben, muss die Erklärung hierfür offen bleiben.

VIII. Die Risikobelastung inhaftierter junger Spätaussiedler (Bliesener)

Die öffentliche Diskussion, oft durch spektakuläre Einzelfälle oder durch einen in den Medien berichteten vermeintlich eindeutigen Entwicklungstrend angeregt, ist in der Regel durch einfache Erklärungsansätze geprägt. Für sich verändernde Fallzahlen der Delinquenz, gescheiterter Integration oder anderer gesellschaftlicher Probleme werden häufig einfache, monokausale Erklärungsmodelle bemüht. Empirisch haben sich solche einfachen ätiologischen Modelle jedoch kaum bewährt. Um die oft komplexen Bedingungsgefüge der Entwicklung kriminellen Verhaltens im Falle junger Spätaussiedler in Schleswig-Holstein näher zu analysieren, haben wir uns an aktuellen Entwicklungsmodellen des antisozialen Verhaltens orientiert.

1. Risikofaktoren des antisozialen Verhaltens

In prospektiven Längsschnittstudien zur Entwicklung antisozialen Verhaltens können die Unterschiede in den individuellen Entwicklungsverläufen nur zu einem geringen Grade auf Unterschiede in einzelnen biologischen, psychologischen oder sozialen Bedingungen und Prozessen erklärt werden. Beobachtet man die Entwicklung antisozialen Verhaltens von Kindern und Jugendlichen und deren interindividuelle Unterschiede über einen längeren Zeitpunkt, lässt sich die Bedeutung sehr unterschiedlicher psychologischer, sozialer und auch biologischer Faktoren und Prozesse und besonders deren Wechselwirkung erkennen (vgl. auch Lösel & Bender, 1997; Lösel & Bliesener, 2003). Da diese Faktoren und Prozesse ihrerseits aber keine hinreichende Bedingung für das Auftreten antisozialen Verhaltens darstellen, sondern lediglich dessen Wahrscheinlichkeit erhöhen, werden sie als Risikofaktoren bezeichnet.

Solche Risikofaktoren finden sich in allen Altersstufen und unterschiedlichen Lebensbereichen. Bereits pränatal haben z.B. eine Drogen- und Alkoholabhängigkeit, eine Fehl- bzw. Unterernährung der Mutter oder andere umweltbedingte toxische Einflüsse negative Auswirkungen auf das Ungeborene (Needleman et al. 1996) und können die pränatale Entwicklung beeinflussen und zu Entwicklungsdefiziten führen, die ein späteres antisoziales Verhalten begünstigen. Geburtskomplikationen (z.B. Sauerstoffunterversorgung, frühzeitige Geburt, geringes Geburtsgewicht) sind weitere Risikofaktoren.

In der frühen Kindheit haben sich Risikofaktoren im Bereich des familiären Zusammenlebens als besonders bedeutsam erwiesen. Ein inkonsistentes Erziehungsverhalten, eine vernachlässigende Erziehung ebenso wie eine übermäßig strenge Erziehung (besonders wenn sie mit häufigen körperlichen Strafen verbunden ist) oder eine besonders nachgiebige Erziehungshaltung stellen ein erhebliches Risikopotential dar (Frick, Christian & Wootton, 1999; Haapasolo & Tremblay, 1994; Osofksy & Dewana, 2000). Dabei spielen auch Verunsicherungen der Eltern in ihrer Rolle als Eltern, Ernährer, Erzieher eine nicht unerhebliche Rolle. Gerade bei Familien mit Migrationshintergrund werden die traditionellen Rollenmuster mit der Aufnahme in eine neue Gesellschaft häufig in Frage gestellt. Probleme auf dem Arbeitsmarkt verändern eventuell die Rolle des Vaters als Ernährer der Familie, die eventuell notwendige Erwerbstätigkeit der Mutter im Aufnahmeland trägt weiterhin zur Aufhebung klassischer Rollenmuster bei.

Defizite in der Erziehungskompetenz treten zudem in Wechselwirkung mit dispositionellen Merkmalen des Kindes, d.h. Schwächen in der Erziehungskompetenz wirken sich vor allem bei den Kindern aus, die eine erhöhte Aufmerksamkeit, Beaufsichtigung und Führung erfordern, weil sie besonders impulsiv, lebhaft, risikofreudig und erlebnishungrig sind und auf elterliche Disziplinierungsbemühungen nur wenig ansprechen (Schneider et al., 2003). In derartigen Konstellationen kommt es häufig zu Überforderungen der elterlichen Erziehungskompetenzen, die dann in problematische Erziehungspraktiken (Gewaltanwendung bis hin zur Misshandlung) münden können (Hodgins, Kratzer & McNeil, 2002; Patterson & Yoerger, 1993). Familiäre Konflikte, Streit und Gewalt zwischen den Partnern, Gewalttätigkeit und Kriminalität in der Familie stellen weitere Risikofaktoren in der Familie dar.

Jugendliches Problemverhalten entsteht oft aus der Gruppe heraus. Der Aufbau von Kontakten zu Gleichaltrigen stellt aber eine wesentliche Entwicklungsaufgabe des Jugendalters dar. Insbesondere Jugendliche aus konfliktbeladenen Familien und Jugendliche mit geringen sozialen Kompetenzen, mit geringer Impulskontrolle und hohem Stimulierungsbedürfnis schließen sich häufig Peergruppen an, in denen sozial abweichendes Verhalten einen hohen Stellenwert hat und untereinander bekräftigt wird. (Bauman & Ennett, 1996; Cairns & Cairns, 1992; Elliott, 1994). In diesen Gruppen werden von der Erwachsenenwelt abweichende Werte besonders betont, eine schnelle, unmittelbare Bedürfnisbefriedigung angestrebt, deviantes und altersunangemessenes Verhalten (früher Konsum psychoaktiver Substanzen, frühe sexuelle Aktivität, Fahren ohne Führerschein etc.) bevorzugt und gegenseitig bekräftigt. Auch ein besonders körperbetontes und aggressives Verhalten ist häufig Bestandteil des Lebensstils dieser Gruppen (Lösel & Bliesener, 2003). Schulisch-berufliche Werte werden dagegen eher abgelehnt, was den Rückzug aus Leistungssituationen (Schulschwänzen, Ausbildungsabbrüche, Streunen) unterstützt. Diese Rückzugstendenz wird durch bestehende Leistungsprobleme noch unterstützt, wobei hier insbesondere Jugendliche mit Migrationshintergrund aufgrund ihrer oft geringeren Fertigkeit und Kompetenz in der Sprache des Aufnahmelandes besonders gefährdet sind. Zugleich tendieren diese Gruppen dazu, sich der Beaufsichtigung Erwachsener zu entziehen und stattdessen Situationen aufzusuchen, deren spezielle »Angebotsstruktur« antisoziales Verhalten begünstigt (Bliesener, 2003). Bei jungen Spätaussiedlern scheint diese Tendenz auch dadurch verstärkt zu werden, dass sie – in der Tradition ihrer Herkunftsländer – dazu tendieren, ihre Freizeit im öffentlichen Raum, insbesondere auf öffentlichen Plätzen zu verbringen.

2. Entwicklung und die Kumulation von Risiken

Als besonders problematisch erweist sich jedoch, dass sich einige der genannten Risiken (wie z.B. geringe Erziehungskompetenz, familiäre Konflikte, Armut, Substanzenmissbrauch) in manchen Familien in besonderer Weise häufen. Untersuchungen zum Entwicklungsverlauf zeigen hier, dass sich in diesem so genannten »Multi-Problemmilieu« die Effekte der Risiken gegenseitig verstärken und damit das Auftreten einer Verhaltensauffälligkeit erheblich steigern können (Hooper et al., 1998). Solche Risikokumulationen können allerdings auch in anderen Kontexten oder in Verbindung verschiedener Lebensbereiche (z.B. Schule, Freundeskreis, Familie) auftreten. Während bei einem einzelnen Risiko in der Regel noch keine bedeutsam höhere Auffälligkeitsrate gegenüber Personen ohne Risikobelastung vorliegt, ist die Quote bereits bei zwei Risikofaktoren oft deutlich erhöht und steigt bei weiteren Risikofaktoren dramatisch an (Hawkins et al. 1998; Masten et al. 1990; Rutter, 1979; Yoshikawa, 1994). Diese Risikokumulationen sind auch deshalb so bedeutsam, weil sich Risikofaktoren nicht gleichmäßig über alle Individuen verteilen, sondern sich bei einzelnen Personen oder Familien häufen, gegenseitig in Wechselwirkung treten und sich so noch in ihrer Wirkung verstärken können. Beispielsweise kann eine schwere Erkrankung des Familienvaters eine Arbeitslosigkeit, finanzielle Krisen, einen Wohnortwechsel, einen Verlust von Alltagsroutinen, Veränderungen des Zusammenlebens bis hin zur familiären Zerrüttung zur Folge haben.

3. Protektive Faktoren der Entwicklung

Allerdings kann die Wirkungen dieser Risikofaktoren durch so genannte protektive oder Schutzfaktoren (Ressourcen) abgefedert werden, so dass die negative Wirkung der Risikofaktoren neutralisiert wird. Protektive Mechanismen und Faktoren sind als interne Ressourcen sowohl auf der individuellen Ebene (Dispositionen, Bewältigungsstile) als auch als externe Ressourcen auf der sozialen (Familie, Freundeskreis) und gesellschaftlichen Ebene (Schule, Gemeinde) zu finden (Brooks, 1994; Lösel & Bliesener, 1994; Lösel & Bender, 1999; Olson et al, 2003; Smith, 1999; Rutter, 1987; Werner & Smith, 1992).

Es hat sich auch gezeigt, dass Kinder und Jugendliche durch Nutzung vorhandener Schutzfaktoren in die Lage versetzt werden können, selbst massive und chronische psycho-soziale Belastungen zu bewältigen und sich zu entwickeln, ohne Auffälligkeiten des Erlebens und Verhaltens zu zeigen (Lösel & Bliesener, 1994). Auch für diese protektiven Faktoren werden kumulative Wirkungen angenommen (Criss et al., 2002), sind bislang aber nur selten nachgewiesen worden (Stattin et al., 1996).

4. Befragung junger inhaftierter Spätaussiedler

Ausgehend von dem oben skizzierten allgemeinen Entwicklungsmodell anti-sozialen Verhaltens haben wir in den Interviews mit inhaftierten jungen Spätaussiedlern folgende Entwicklungsaspekte erfragt:
- Welche Risiko- und Schutzfaktoren für antisoziales Verhalten liegen bei jungen Spätaussiedlern vor?
- Kommt es zu typischen Kumulationen von Risikofaktoren bei jungen Spätaussiedlern?
- Wie lassen sich die Risiko- und Schutzfaktoren präventiv angehen?
- Welche bestehenden Präventionsmaßnahmen zielen auf diese Risiko- und Schutzfaktoren ab?

a) Stichprobe

Befragt wurden 27 männliche Spätaussiedler in der JVA Neumünster im Alter zwischen 16 und 33 Jahren (M = 24,2 Jahre). Alle diese jungen Männer waren im Alter zwischen 4 und 21 Jahren nach Deutschland gekommen. Bis auf zwei waren alle Personen ledig, 17 gaben aber eine aktuelle feste Partnerschaft an.

Zu Vergleichszwecken wurde außerdem eine Gruppe von 15 Ausländern im Alter zwischen 23 und 40 Jahren (M = 29,3 Jahre) befragt. Während einer dieser Männer bereits in Deutschland geboren war, waren die übrigen im Alter zwischen 6 und 24 Jahren nach Deutschland übergesiedelt. Sieben der befragten Ausländer waren ledig, sechs verheiratet und zwei bereits geschieden. Eine aktuelle feste Partnerschaft wurde von elf Befragten angegeben.

Geburtsland der befragten Personen

Spätaussiedler		Ausländer	
Kasachstan	15	Kosovo	4
Polen	5	Türkei	4
Russland	3	Polen	2
Asserbeidjan	1	Albanien	1
Kosovo	1	Asserbeidjan	1
Tadschikistan	1	Deutschland	1
Ukraine	1	Libanon	1
		Pakistan	1

Der Übersiedlungszeitpunkt lag bei den Spätaussiedlern zwischen 1982 und 2000, im Alter zwischen 4 und 21 Jahren, bei den Ausländern zwischen 1971 und 2001, im Alter zwischen 1 und 24 Jahren.

b)   Durchführung der Interviews

Die Interviews wurden leitfadenorientiert in gesonderten Räumen (Schulungsräumen) der JVA Neumünster von trainierten Interviewerinnen in Abhängigkeit von der Sprachkompetenz auf deutsch oder russisch geführt (in 2 Fällen komplett auf russisch). Der Interviewleitfaden (siehe Anhang) thematisierte folgende Bereiche:
- Angaben zur Person (Alter, Familienstand, Geburtsort, Auswanderung)
- Wohnverhältnisse (Unterbringung nach Auswanderung, Wohnverhältnisse vor der Haft)
- Schule/Beruf (eigene Schulbildung, Schulwechsel, Rückstufungen, Schulleistungen, Berufsausbildung, Berufstätigkeit)
- Familie (Geschwisterzahl, Versorgung in den ersten 18 Lebensjahren, Beruf und Berufstätigkeit der Eltern, Scheidung/Tod der Eltern, Erziehungsverhalten der Eltern, Gewalterfahrungen in der Familie)
- Verlauf der Übersiedlung (Zeitpunkt, Dauer, Unterstützungsleistungen)
- Freizeitverhalten (Aktivitäten und Alkohol-/Drogenkonsum im Herkunftsland und in Deutschland)
- Problemlagen (vor Haftbeginn und aktuell)
- Deliktstruktur (erstes Delikt, Vorverfahren, U-Haft)
- Erfahrung mit Integrationsmaßnahmen

• Mitwirkung in Ausbildung und Fördermaßnahmen im Vollzug.

Im Anschluss an das Interview wurden die Deutschkenntnisse des Befragten von den Interviewerinnen auf einer Skala von 1 (keine oder nur bruchstückhafte Deutschkenntnisse) bis 5 (nahezu akzentfreie deutsche Sprache) beurteilt. Die nachfolgende Tabelle zeigt die Verteilungen der jeweiligen Einschätzungen der Sprachkompetenz.

Einschätzungen der Sprachkompetenz

	Spätaussiedler	Ausländer
keine oder nur bruchstückhafte Kenntnisse	-	8,3%
rudimentäre Kenntnisse, die Interview in Muttersprache nötig machen	9,5%	16,7%
gute Kenntnisse, nur wenig Hilfe nötig	-	8,3%
gute Sprach- und Ausdrucksfähigkeit	57,1%	58,3%
nahezu akzentfreie deutsche Sprache	33,3%	8,3

Wie die Tabelle zeigt, lagen bei etwa 90% der Spätaussiedler und gut 3/4 der Ausländer gute Sprachkenntnisse vor. In den übrigen Fällen wurden Hilfen in der Muttersprache oder in Englisch gegeben. Bei einem Drittel der Spätaussiedler wurde die Sprachkompetenz in Deutsch dagegen von den Interviewerinnen als nahezu akzentfrei bezeichnet.

Ergänzt wurden die Daten schließlich durch zwei freie Gesprächsrunden mit sechs jungen Spätaussiedlern, deren Integration insgesamt positiv verlaufen ist.

c) Ergebnisse

Familie und familiäre Erziehung: Die Herkunftsfamilien der befragten Spätaussiedler und Ausländer unterschieden sich zum einen in der Größe (durchschnittliche Geschwisterzahl bei den Spätaussiedlern: 1,9, bei den Ausländern: 4,5), zum anderen vor allem im Ausbildungsgrad der Eltern. Während bei den Spätaussiedlern nur 7,7%[38] der Väter und 18,5% der Mütter über keine Berufsausbildung verfügen, sind es bei den Ausländern 42,9 bzw. 73,3%. Entsprechend unterscheiden sich auch die Anteile der Eltern mit einem akademischen Abschluss (Spätaussiedler: Vater: 23,1%, Mutter: 25,9%; Ausländer: Vater: 7,1%, Mutter: 7,1%). Knapp ein Drittel (29,6%) der Spätaussiedler hat eine Scheidung der Eltern erlebt (Ausländer: 13,3%).

Bezüglich der Erziehung durch die Eltern zeigt sich in den Berichten der Befragten Spätaussiedler eine stärkere (Mit-)Beteiligung der Väter.

Zuständigkeit für die Erziehung der Kinder in der Herkunftsfamilie

	Spätaussiedler	Ausländer
eher die Mutter	40,7%	42,9%
eher der Vater	11,1%	7,1%
beide Eltern	48,1%	26,6%
andere Person	-	21,4%

Deutlicher sind die Unterschiede hinsichtlich des Erziehungsverhaltens. Zwar räumen beide Gruppen die Verwendung körperlicher Strafen in der eigenen Erziehung durch die Eltern in gleicher Weise ein (92,0 bzw. 93,3%). Unterschiede ergeben sich aber im Grad der körperlichen Züchtigungen.

Einsatz körperlicher Strafen bei schweren Disziplinstörungen

	Spätaussiedler	Ausländer
keine Schläge	14,8%	6,7%
Schläge mit der flachen Hand	33,3%	80,0%
Schläge mit der Faust /Tritte	3,7%	6,7%
Schläge mit Gegenständen	48,1%	6,7%

---

38 Obwohl die Fallzahlen in den beiden Stichproben recht klein sind und die Angabe von Prozentangaben für manchen Leser unangebracht erscheint, haben wir uns für diese Form der Darstellung entschieden. Dies vor allem deshalb, weil bei der Angabe von absoluten Zahlen die dann notwendige Mitteilung der jeweiligen Stichprobengröße die Darstellung wesentlich aufgebläht hätte.

Während bei den Ausländern Schläge mit Gegenständen nur in einem Fall berichtet wurden, gaben fast die Hälfte der Spätaussiedler diese Erfahrung an.

Ausreise und Übersiedlung: Die Übersiedlung erfolgte bei den Spätaussiedlern in der Regel im Familienverband. Die durchschnittliche Zahl der ausreisenden Personen betrug 4,04 und setzte sich vor allem aus der Kernfamilie (Mutter: 96,3%, Vater: 74,1%, Geschwister: 85,2%) zusammen. Bei knapp einem Fünftel der Spätaussiedler waren auch Großeltern mit übergesiedelt. Dem gegenüber waren die Übersiedlungen zusammen mit Familienangehörigen bei den Ausländern deutlich seltener (Mutter: 33,3%, Vater: 26,7%, Geschwister: 40,0%; Großeltern: 3,7%).

Als Ausreisegründe wurden von den Spätaussiedlern überwiegend familiäre (40,7%) bzw. wirtschaftliche Gründe (33,3%) angegeben, von den Ausländern neben familiären (20,0%), wirtschaftlichen (33,3%) auch politische Gründe (20,0%). Ein deutlicher Unterschied zwischen beiden Gruppen zeigt sich in der Ausreisevorbereitung und dem Zeitraum zwischen Ausreiseentschluss und der Ausreise. Während von den Spätaussiedlern nur ein knappes Viertel angab keine Vorbereitungen getroffen zu haben, waren es bei den Ausländern fast 3/4.

Entsprechend lag die Zeit zwischen Entschluss und Umsetzung bei den Spätaussiedlern bei fast drei Jahren (32,6 Monate) bei den Ausländern bei knapp einem Jahr (11,2 Monate). Unterschiede zwischen den beiden Gruppen ergeben sich auch bezüglich der erhaltenen Unterstützungsleistungen und Eingliederungshilfen. Während die Spätaussiedler zu 56,6% den Bezug von Sozialhilfe berichten, gibt dies nur jeder fünfte Ausländer (20,0%) an. Darüber hinaus bewerten von den Empfängern von Sozialhilfe die Spätaussiedler zu mehr als der Hälfte (51.9%) die Unterstützung als ausreichend, die Ausländer nur zu gut einem Viertel (26,7%).

Unterbringung nach der Übersiedlung: Nach der Einreise erfolgte bei den Spätaussiedlern i.d.R. (81,5%) zunächst eine 1-4-wöchige Unterbringung im Übergangsheim. In einem Fall dauerte diese erste Unterbringung allerdings 56 Wochen. Bei etwa der Hälfte der Fälle schloss sich ein Wechsel in ein weiteres Heim an. Bemerkenswert ist hier, dass die Dauer dieser Unterbringungen in Übergangsheimen in drei Fällen 1-2 Jahre betrug. Bei etwa 90% der befragten Spätaussiedler folgten dann bis zu fünf weitere Umzüge in verschiedene Wohnungen am Ort. Ein Drittel der Befragten hat den Wohnort in Deutschland mindestens ein Mal gewechselt.

Schulische Ausbildung: Nach eigenen Angaben verfügen 63% der Spätaussiedler über einen Schulabschluss, bei den Ausländern sind dies nur 40%. Die besuchten Schulformen und die Abgangsklassen für beide Gruppen zeigt die folgende Tabelle.

Besuchte Schulart und Abgangsklasse der Spätaussiedler in Deutschland

		Spätaussiedler	Ausländer
besuchte Schulform	Sonderschule	18,2%	-
	Hauptschule	40,9%	7,1%
	Real-/Mittelschule	13,6%	--
	Gymnasium	13,6%	7,1%
	sonstiges	9,0%	7,1%
	keine	4,5%	78,6%
Abgangsklasse	bis Klassenstufe 4	21,1%	7,1%
	Klassenstufe 5-8	26,3%	64,3%
	Klassenstufe 9	36,8%	-
	Klassenstufe 10-12	15,8%	28,6%

Beim Vergleich der beiden Gruppen ist allerdings auch das etwas höhere Alter der Ausländer und der teilweise spätere Einwanderungszeitpunkt zu berücksichtigen, der mit für die Unterschiede im Schulbesuch in Deutschland verantwortlich sein kann.

Bezüglich des Schulbesuchs in Deutschland fällt bei den befragten Spätaussiedlern die hohe Quote von Rückstufungen auf. 57,1% berichten, nach der Einschulung in Deutschland um eine oder zwei Jahrgangsstufen zurückgestuft worden zu sein, um damit Defizite im Gebrauch und Verständnis der deutschen Sprache auszugleichen, während dies bei den Ausländern nur in einem Fall geschah.

Berufsausbildung und Berufstätigkeit: Ähnliche Unterschiede wie in der schulischen Ausbildung, die aber ebenfalls auch mit dem Altersunterschied der Teilstichproben im Zusammenhang stehen können, finden sich auch im Bereich der beruflichen Bildung. Während ein Viertel (25,9%) der befragten Spätaussiedler bereits im Herkunftsland eine Berufsausbildung absolviert hat, sind dies 40,0% der Ausländer. In Deutschland haben dagegen etwas mehr Spätaussiedler eine Berufsausbildung begonnen (18,5% versus 6,7%). Die Berufe liegen in beiden Gruppen überwiegend im handwerklichen Bereich (Maurer, Tischler/Zimmermann, Elektriker/Installateur, Gärtner, Facharbeiter).

Ein Wechsel des Beschäftigungsverhältnisses (Spätaussiedler: 90,5%; Ausländer: 85,7%) oder der beruflichen Tätigkeit (Spätaussiedler: 44,4%; Ausländer: 26,7%)

waren in beiden Gruppen recht häufig. Phasen der Arbeitslosigkeit schwanken zwischen einem und 60 bzw. 120 Monaten, wobei die Hälfte der Spätaussiedler und knapp 3/4 der Ausländer in der Zeit vor der Haft von Arbeitslosigkeit betroffen war.

Freizeitverhalten: Bezüglich der Freizeitbeschäftigung im Herkunftsland fällt eine stärkere Strukturierung der Freizeit bei den jungen Spätaussiedlern aufgrund einer stärkeren Einbindung in organisierte Aktivitäten wie z.B. Vereine, Clubs etc. auf. Waren bei den Spätaussiedlern im Herkunftsland knapp 60% solchermaßen organisiert, waren es bei den Ausländern nur ein Drittel. Dieser Unterschied geht allerdings im Aufnahmeland gänzlich verloren. In Deutschland sind jeweils 40% aktiv in einen Verein oder Club eingebunden. Für beide Gruppen hat sich durch die Übersiedlung auch die Form des Freizeitverhaltens deutlich geändert. Während im Herkunftsland das Freizeitverhalten besonders durch Sport und Aktivitäten in der Natur geprägt war, hat nur der Sport seine Stellung behalten, während Beschäftigungen in der Natur (Angeln, Jagen, Zelten etc.) in Deutschland nicht mehr ausgeübt werden.

Ein weiterer Fragenkomplex des Interviews bezog sich auf den Konsum von Drogen und illegalen Substanzen. Hier zeigte sich, dass bereits im Herkunftsland 44,4% der jungen Spätaussiedler regelmäßig Alkohol konsumiert haben, während die Quote der Ausländer trotz des etwas höheren Alters dieser Gruppe hier nur bei einem Drittel lag. In beiden Gruppen waren es bei etwa der Hälfte der Befragten überwiegend Spirituosen die konsumiert wurden, wobei ein täglicher Konsum von einem Drittel der Spätaussiedler und nur jedem sechsten Ausländer eingeräumt wurde. Der Konsum illegaler Drogen im Herkunftsland wurde von knapp 15% der Spätaussiedler angegeben, nicht von den befragten Ausländern.

In Deutschland hat der Alkohol- und Drogenkonsum für beide Gruppen zugenommen. Vor der Haft räumen 88,5% der Spätaussiedler und 73,3% der Ausländer einen entsprechenden Gebrauch ein. Ein täglicher Konsum wird nur von 18,5% der Spätaussiedler angegeben. Etwa die Hälfte der Personen beider Gruppen konsumieren im Wesentlichen Spirituosen (Wodka, Whisky u.a.). Ein Gebrauch von vor allem illegalen Drogen vor der Haft wird von jeweils etwa 20% der Befragten eingeräumt. Allerdings geben darüber hinaus 2/3 der Spätaussiedler und gut die Hälfte der Ausländer einen mindestens gelegentlichen Konsum illegaler Drogen (besonders Marihuana, Heroin, Kokain, Ecstasy) an.

Erfahrung mit Integrationsmaßnahmen: Auf die Frage, an welchen Integrationsmaßnahmen die Befragten bislang teilgenommen haben, wurden bis auf einzelne Ausnahmen lediglich Sprachkurse angegeben. Dabei fällt auf, dass ein Sprachkurs von den Spätaussiedlern mit insgesamt 85,2% deutlich häufiger besucht wurde als von den befragten Ausländern (53,3%).

Teilnahme an Sprachkursen

	Spätaussiedler	Ausländer
im Herkunftsland	18,5%	-
in Deutschland vor der Haft	51,9%	20,0%
in der Haft	14,8%	33,3%

Neben diesen Sprachkursen wurde in einzelnen Fällen auch die Teilnahme an Therapie und Trainingsprogrammen sowie an Sportangeboten als Integrationsmaßnahme genannt bzw. verstanden.

5. Schlussfolgerungen

Bevor die Ergebnisse der Interviews mit jungen inhaftierten Spätaussiedlern und Ausländern zusammenfassend diskutiert werden sollen, sind einige kritische Anmerkungen und Einschränkungen zu machen, die bei der Interpretation der Daten zu berücksichtigen sind:

1. Bedingt durch die regionale Einschränkung auf das Bundesland Schleswig-Holstein, aber auch aufgrund der sehr eingeschränkten finanziellen Ressourcen des Forschungsprojekts, ist die Stichprobe der untersuchten inhaftierten Spätaussiedler recht klein. Inwieweit die vorliegenden Befunde aus dieser Stichprobe auf Personen in anderen Bundesländern und gesamtdeutsche Verhältnisse übertragen werden kann, ist zunächst fraglich. Andererseits korrespondieren viele der Ergebnisse recht gut mit Daten aus anderen aktuellen Befragungsstudien (meist ebenfalls kleinen Umfangs) aus anderen Bundesländern (z.B. Held, 2006).

2. Um eventuelle Besonderheiten der Migrationserfahrung junger Spätaussiedler identifizieren zu können, haben wir eine Vergleichsgruppe junger inhaftierter Ausländer untersucht. Eine Parallelisierung beider Gruppen hinsichtlich relevanter Merkmale (Alter, Übersiedlungszeitpunkt, Deliktstruktur etc.) konnte nur eingeschränkt erreicht werden, da insbesondere bei den Ausländern eine für das Interview hinreichende Sprachkompetenz in Deutsch, Russisch oder Englisch verlangt werden musste. Dies hatte zur Folge, dass nur 15 junge Ausländer in die Vergleichsgruppe aufgenommen werden konnten, die zudem auch etwas älter sind als die untersuchten Spätaussiedler. Diesen Altersunterschied gilt es bei der Bewertung einiger Gruppenunterschiede zu berücksichtigen.

3. Um die Bedeutsamkeit spezifischer Risiken und Belastungen für die psycho-soziale Entwicklung abzuschätzen, wäre es weiterhin wünschenswert gewe-

sen, Fälle erfolgreicher und weniger erfolgreicher individueller Bewältigungsversuche zu vergleichen. Da die Rekrutierung einer hinreichend großen Vergleichsgruppe nicht-straffälliger junger Spätaussiedler mit den zur Verfügung stehenden Mitteln nicht zu erreichen war, müssen die gewonnenen Daten vor dem Hintergrund allgemeiner Belastungsdaten junger Menschen bewertet werden. Wenngleich sich damit klare Aussagen über Bedingungsfaktoren und begleitende Prozesse weitgehend ausschließen, können die vorliegenden Daten doch wertvolle Hinweise für die Gestaltung von Präventionsmaßnahmen und die Konzeption von Programmen zur Integrationsförderung liefern.

4. Ein letztes Problem betrifft die Beschränkung der vorliegenden Studie auf selbstberichtete retrospektive Daten. Erfahrungsgemäß unterliegen derartige Daten verschiedensten Prozessen der Vergangenheitsrekonstruktion und unterschiedlichen Antworttendenzen (z.B. in Richtung sozialer Erwünschtheit aber auch eventuellen Simulationstendenzen). Dies gilt nicht nur bei inhaftierten Personen. Insofern sind auch vor diesem Hintergrund die gewonnenen Daten sorgfältig zu prüfen und eventuelle Tendenzen zu berücksichtigen.

Wenngleich der größte Teil der (Spät-)Aussiedler in Schleswig-Holstein sich bereits gut integriert hat, zeigt die vorliegende Studie, dass die Integration in Einzelfällen auch scheitern kann. Selbstverständlich begründet sich Kriminalität nie allein aus einer Staatsangehörigkeit oder aus einer ethnischen oder geografischen Herkunft, eher belegen auch die Daten dieser Studie, dass Migrationserfahrungen als Lebensereignisse verstanden werden müssen, die mit einer Reihe von Belastungen und Risikofaktoren einhergehen. Umgekehrt zeigt unsere Sondererfassung der Deliktbelastung in der Polizeidirektion Schleswig-Holstein Mitte ebenso wie einige Sonderauswertungen regionaler polizeilicher Kriminalstatistiken (z.B. Luff, 2001), dass Spätaussiedler keine bedeutsam höhere Deliktbelastung aufweisen als einheimische Deutsche der gleichen Altersgruppe. Allerdings erscheint die Befundlage hier insgesamt auch angesichts der erheblichen Probleme bei der Erfassung noch relativ uneindeutig.

Jugendliche Spätaussiedler, wie andere junge Menschen mit Migrationshintergrund, zeigen häufig eine erhebliche Kumulation von Risikofaktoren, durch die die Entwicklung kriminellen Verhaltens begünstigt wird. Diese Risikofaktoren sollen im Folgenden näher betrachtet werden.

Defizite im Gebrauch der deutschen Sprache. Wenngleich die deutsche Sprachkompetenz zum aktuellen Zeitpunkt als überwiegend gut bewertet werden konnte, zeigen sich doch Hinweise auf grundlegende Probleme in der Phase nach der Übersiedlung. Da junge Spätaussiedler in der Regel im Familienverband ausreisen, in dem oft nur eine einzelne Person deutscher Abstammung ist, sind ihre Sprachkompetenzen wie auch andere aktuelle Untersuchungen zeigen (z.B. Bals & Bannenberg, 2006; Ott & Bliesener, 2006) häufig gering. Problematisch erweist sich zudem, dass auch im Aufnahmeland in den Familien selten deutsch gesprochen wird und die jungen Aussiedler ebenso in ihren Peergruppen eher russisch sprechen. Diese Segregationstendenzen wurden auch in einigen freien Gesprächsrunden mit jungen nicht-auffälligen Spätaussiedlern sichtbar. Da der Kontakt zu einheimischen deutschen Jugendlichen aufgrund der geringen Sprachbeherrschung schwer fällt, wird die Gesellschaft der Schicksalsgenossen bevorzugt, mit denen man sich in der vertrauten Sprache austauschen kann.

Ein Sprachkurs wurde nur von einer kleinen Minderheit bereits im Herkunftsland besucht. Anders als bei den untersuchten Ausländern wurde dieser Sprachkurs allerdings in der Regel nach der Übersiedlung nachgeholt, während letztere häufig erst in der Haft einen Sprachkurs besuchten. Wenngleich diese Sprachkurse von den Befragten in der Regel als gut bewertet wurden, weisen die Aussagen in den freien Gesprächen darauf hin, dass die Anpassung des Kursniveaus an die vorhandenen Kompetenzen der Teilnehmer nicht immer gelingt, dass durch die Zusammensetzung der Teilnehmergruppen mit großen Anteilen einer Ethnie, der Druck zur Verständigung in der Fremdsprache Deutsch zu gering ist und dass auch die Dauer und Intensität der Kurse kaum ausreicht, den angestrebten Lernfortschritt zu erzielen.

Schulische und berufliche Ausbildung: Der hohe Anteil der Eltern mit abgeschlossenen Ausbildungen und auch akademischen Abschlüssen bei der Gruppe der Spätaussiedler – und hier insbesondere bei den Müttern – lässt auf eine hohe Bildungsaffinität in dieser Gruppe schließen. Entsprechend fallen auch die Grunddaten der schulischen Ausbildung (Abgangsklassen, Besuch weiterführender Schulen etc.) bei den jungen Spätaussiedlern günstiger aus. Auffällig ist jedoch die hohe Zahl der Rückstufungen bei der Einschulung in Deutschland. Wie in den freien Gesprächen deutlich wurde, bereitet insbesondere diese Rückstufung um in der Regel ein bis zwei Jahrgangsstufen eine weitere erhebliche Belastung für die Jugendlichen. Durch das Sprachproblem im Kontakt zu den Klassenkameraden beeinträchtigt, kommt dann noch der erhebliche Altersunterschied in einer entwicklungspsychologisch besonders sensiblen Phase hinzu, der die Integration in den Klassenverband gefährdet. Die oben bereits beschriebenen Tendenzen zum Zusammenschluss mit Angehörigen der eigenen Ethnie tragen schließlich das ihrige zur Ausgrenzung bei.

Familie und sozialer Nahraum: Ein anderer Umgang mit Gewalt wurde als wesentliches Kennzeichen der Kultur der jungen Spätaussiedler in einer Expertenbefragung in Ostwestfalen genannt (Ott & Bliesener, 2006). Eine hohe Gewaltneigung in den Aussiedlerfamilien wurde auch in den Interviews mit den inhaftierten Spätaussiedlern deutlich. Während in beiden Gruppen zu einem erheblichen Teil harte und gewalthaltige Erziehungspraktiken der eigenen Eltern berichtet wurde, fand sich bei den Spätaussiedlern eine deutlich höhere Quote an Betroffenen, die auch durch das Schlagen mit Gegenständen diszipliniert worden sind. Die Zusammenhänge zwischen der erlebten Gewalt in der Herkunftsfamilie und der späteren eigenen Aggressionsneigung sind seit langem gut belegt (z.B. Farrington, 1989), dies gilt besonders für die physische Misshandlung.

Eine verbreitete Unfähigkeit zu deeskalierenden Konfliktlösungsstrategien bei den jungen Spätaussiedlern wird vermutlich verstärkt durch einen in der Regel sehr autoritären familiären Erziehungsstil und entsprechende gesellschaftliche Strukturen im Herkunftsland. Gleichzeitig ist allerdings auch eine hohe Bindung innerhalb der Familien zu beobachten, die mit einer hohen Beaufsichtigung der Kinder und Jugendlichen durch die Eltern und einem großen Interesse der Eltern an der Entwicklung der eigenen Kinder einhergeht.

Peergruppe: Es ist hinreichend bekannt, dass Konflikte innerhalb der Familie, mit der Erziehung überforderte Eltern und fehlende Anerkennung und Zuwendung durch die Eltern die Orientierung der Jugendlichen nach außen und den Anschluss an Gleichaltrigengruppen fördern (Noack, 2002). Dabei treffen sich belastete Jugendliche und bilden Peergruppen mit typischen Werte- und Einstellungsstrukturen. Schulischen und beruflichen Werten gegenüber herrscht eine distanzierte bis ablehnende Haltung. Stattdessen wird die unmittelbare Bedürfnisbefriedigung angestrebt. Außerdem werden ausgeprägt hierarchische Strukturen von den Cliquen berichtet, in denen jugendliche Spätaussiedler sich zusammenfinden und deren Umgangsformen die jungen Menschen auch auf andere Kontexte übertragen. Diese Gruppen pflegen zumeist auch positive Einstellungen gegenüber antisozialem Verhalten, so dass sich die Mitglieder gegenseitig in ihrem Verhalten verstärken (Cairns & Cairns, 1992; Elliott, 1994). Auch ein besonders aggressives Verhalten ist häufig Bestandteil des Lebensstils dieser Gruppen (Lösel & Bliesener, 2003). Die oft schon in der Familie erfahrene Haltung, Konflikte mit körperlicher Gewalt auszutragen, zeigt sich auch im Kontakt innerhalb der Peergruppe. Unterstützt durch eine herausgehobene Betonung der Körperlichkeit und einer Idealisierung der Männlichkeit wird dort körperliche Gewalt zu einem legitimen und effizienten Mittel der Konfliktlösung erklärt und praktiziert (Lösel & Bliesener in Druck). Schließlich führt der Einfluss der Peergruppe auch dazu, dass sich Jugendliche häufiger in gefahrgeneigte Situationen begeben, die durch ihre besondere »Angebotsstruktur« (Alkohol, Drogen, Glücksspiel etc.) kriminelles Verhalten begünstigen.

Freizeitverhalten, Alkohol und Drogen: Bedeutsame Unterschiede zwischen dem Leben im Herkunfts- und dem Aufnahmeland ergeben sich in der Art des Freizeitverhaltens. Während gerade die jungen Spätaussiedler einen hohen Grad der Strukturierung der Freizeit durch die Einbindung in Vereine, Clubs und ähnliche Organisationen berichten, scheint ein entsprechendes Angebot in Deutschland die jungen Leute nicht in dem Maße zu erreichen. Ein weiterer Unterschied wird auch in den Inhalten der Freizeitaktivitäten deutlich. Hatten im Herkunftsland besonders Aktivitäten in der Natur einen hohen Stellenwert, bleibt hierfür im dicht besiedelten Deutschland kaum Raum.

Der Stereotyp der hohen Affinität der »Russlanddeutschen« zu Alkoholika, insbesondere zum Wodka, findet eine gewisse Bestätigung auch in unseren Daten. Wenngleich die retrospektiv gewonnen Daten gerade hier besonderen Verzerrungen unterliegen können, fällt der hohe Anteil alkoholerfahrener Jugendlicher unter den Spätaussiedlern auf. Es ist allerdings zu berücksichtigen, dass hier auch kulturell geprägte Unterschiede in der Antwortbereitschaft vorliegen können.

Kulturkonflikt: Konflikte entstehen auch durch das Aufeinandertreffen unterschiedlicher Traditionen, Gebräuche und Gewohnheiten von Heimat- und Aufnahmeland. Die Konfrontation mit den Gepflogenheiten des Aufnahmelandes, ohne gleichzeitig in der Kultur der Heimat fest verwurzelt zu sein, erzeugt bei den jungen Spätaussiedlern eine tiefe Verunsicherung und das Gefühl einer Position »zwischen den Stühlen«.

Schließlich sind auch einige sozial-strukturelle Faktoren als Integrationshemmnisse zu benennen. Hierzu zählen erstens, die teilweise deutlichen Segregationstendenzen. Diese werden zum einen durch die Unterbringung in Übergangsheimen sowie die später meist selbst gewählte Ansiedlung in Regionen und Stadtteilen mit hohem Aussiedleranteil gefördert. Zum anderen verstärken aber auch Peergruppenbildungen allein unter jungen Spätaussiedlern diese Abgrenzungen. Zweitens spielen die eher geringen Ausbildungschancen und Perspektiven junger Spätaussiedler eine Rolle, die in der Regel in den geringen Sprachkompetenzen begründet sind. Diese Risikofaktoren und Integrationshemmnisse sind teilweise eng miteinander verzahnt und verstärken sich gegenseitig, wie das z.B. für die Sprachdefizite, Ausbildungsprobleme, Segregationstendenzen und die Peergruppenbildung deutlich wurde.

Vor diesem Hintergrund sind Präventionskonzepte und Integrationshilfen, die lediglich an einem Risikofaktor oder Integrationshemmnis ansetzen, wenig Erfolg versprechend. Die enge Verzahnung der problematischen Faktoren und Prozesse verlangt dem gegenüber einen multimodalen Ansatz (Bliesener, 2003), der auf verschiedenen Ebenen (der Person, dem familiären Umfeld, in Schule, Ausbildung und Freizeit) ansetzt und koordiniert die unterschiedlichen Risikofaktoren angeht bzw. dort die angesiedelten protektiven Faktoren stärkt. Das bedeutet auch, dass Unterstützungsangebote und Integrationshilfen möglichst gestuft angelegt und auf die jeweilige Risikobelastung des einzelnen Empfängers abgestimmt werden sollten. Ähnlich wie einheitliche Sprachkursangebote für Adressaten mit unterschiedlichen Vorkenntnissen nicht sinnvoll erscheinen, zeigen die vorliegenden Daten, dass sich trotz weitgehend ähnlicher Probleme bei der Übersiedlung, im Aufnahmeland teilweise sehr unterschiedliche Risikobelastungen entwickeln, denen flexibel begegnet werden sollte.

IX. Zusammenfassung und kritische Bewertung der Ergebnisse (Köhnken)

1. Zusammenfassung der Ergebnisse

Eine bundesweite Auswertung der polizeilichen Kriminalstatistik hinsichtlich der Kriminalitätsbelastung von Spätaussiedlern war nicht möglich, weil diese Personengruppe statistisch in die Gruppe der Deutschen eingeordnet wird. Insofern war es schwierig, ein valides Lagebild der Kriminalitätsbelastung von Spätaussiedlern zu erhalten. Bisher vorliegende, gesonderte und regional begrenzte Analysen kommen – wie im Abschnitt IV gezeigt wurde – zu einem nicht ganz einheitlichen Bild. Die Mehrzahl der Studien spricht jedoch gegen die verbreitete Vermutung einer generell höheren Kriminalitätsbelastung von Spätaussiedlern. Teilweise liegen die berichteten Tatverdächtigenbelastungsziffern sogar unter denjenigen der sonstigen Deutschen und von Ausländern. Differenzierte Analysen deuten allerdings darauf hin, dass jugendliche, heranwachsende und jungerwachsene Spätaussiedler überproportional unter den polizeilich registrierten Tatverdächtigen vertreten sind.

Die polizeistatistische Erhebung im Bereich der Polizeidirektion Mitte des Landes Schleswig-Holstein hat übereinstimmend mit diesen Forschungsergebnissen ebenfalls gezeigt, dass die allgemeine Kriminalitätsbelastung der Spätaussiedler *geringer* ist als die der einheimischen Bevölkerung. Andererseits sind jungerwachsene Spätaussiedler auch in ihrer Altersgruppe überproportional belastet. Die wahrgenommene Spätaussiedlerkriminalität stellt sich somit in besonderer Weise als männliche Jugend- und Jungerwachsenenkriminalität dar. Dies deckt sich mit den Ergebnissen der Analyse der Gefangenenakten. Die Altersgruppen der 24- und 25jährigen macht die Hauptpopulation der Spätaussiedler aus.

Allerdings wurden in den Gesprächsrunden mit jungen Spätaussiedlern sowie deren Betreuern berichtet, dass die Polizei bei Auseinandersetzungen mit anderen Jugendlichen / Heranwachsenden zunächst die Spätaussiedler als Verursacher verdächtigt. Sollte dies zutreffen, müsste die polizeistatistische Registrierung relativiert werden.

Auf der anderen Seite könnte eine geringe Anzeigebereitschaft gegenüber Spätaussiedlern für ein größeres Dunkelfeld sprechen.

Zeigten die statistischen Erhebungen dieser sowie früherer Studien ein übergeordnetes Bild von Umfang und Struktur der Spätaussiedlerkriminalität, so vermitteln die Ergebnisse der Befragung von inhaftierten Spätaussiedlern und einer Vergleichsgruppe von ausländischen Häftlingen ein differenziertes Bild relevanter Risikofaktoren, die eine Integration im Aufnahmeland erschweren oder sogar scheitern lassen können. Hierzu gehören u.a. Defizite in der deutschen Sprache zumindest während der ersten Phase nach der Übersiedlung, die aus einer Rückstufung in der Schule resultierenden Frustrationen und Anpassungsprobleme auf Grund der Altersunterschiede zu den Klassenkameraden, ein höheres Gewaltpotential bei den innerfamiliären Erziehungsmaßnahmen und Defizite bei gewaltfreien Konfliktlösungstechniken. Diese Ergebnisse wurden in Gesprächsrunden mit Spätaussiedlern und beruflichen Kontaktpersonen zu Spätaussiedlern bestätigt. Eine sich in Kriminalität manifestierende gescheiterte Integration kann demnach nicht undifferenziert auf nur eine Ursache zurückgeführt, sondern muss als das Ergebnis individuell unterschiedlicher Kombinationen von Risikofaktoren betrachtet werden. Dies bedeutet, dass kriminalpräventive Maßnahmen auch individuell angepasste Interventionen enthalten müssen.

2. Methodische Probleme

Wie andere Studien in diesem Bereich ist auch die hier vorgestellte Untersuchung mit verschiedenen forschungsmethodischen Problemen behaftet, welche die Aussagekraft und insbesondere die Generalisierbarkeit der Befunde einschränken. Der angewandte Methodenmix aus einer Untersuchung von Umfang und Struktur der Spätaussiedlerkriminalität durch eine polizeistatistische Erhebung in Schleswig-Holstein, aus einer Analyse von Gefangenenakten, aus Interviews mit Gefangenen sowie aus einer Informationsgewinnung in Gesprächsrunden mit Betroffenen und Betreuern wurde gewählt, um diese potenziellen Probleme zumindest teilweise zu kompensieren. Dennoch sind bei der Bewertung der Ergebnisse insbesondere die im Folgenden aufgeführten Punkte zu berücksichtigen:

Falsche Zuordnungen bei der polizeistatistischen Erhebung. Für alle im Jahr 2003 im Bereich der Polizeidirektion Mitte des Landes Schleswig-Holstein von der Polizei ermittelten Vorgänge wurde mit einem Erfassungsbogen (s. Anhang 1) das Geburtsland des Tatverdächtigen sowie die Herkunft des Opfers erhoben. Es ist nicht auszuschließen, dass in Einzelfällen falsche Zuordnungen vorgenommen wurden. Ob und ggf. inwieweit hierbei systematische Verzerrungstendenzen wirksam waren, ist im Nachhinein nicht feststellbar.

Vergleich nur über Zuweisungszahlen. Der Vergleich der Kriminalitätsbelastung von Spätaussiedlern mit der einheimischen Bevölkerung stützt sich auf Angaben der zuständigen Vertriebenenämter (Zuweisungszahlen), da andere Daten nicht verfügbar waren. Nachträgliche Veränderungen durch Umzüge oder Todesfälle sind dabei nicht berücksichtigt und können zu Verschiebungen in den berichteten Relationen führen.

Regionale Begrenzung. Die hier berichteten Untersuchungsergebnisse beschränken sich auf das Bundesland Schleswig-Holstein und teilweise weiter auf einzelne Regionen dieses Bundeslandes (im Falle der polizeistatistischen Erhebung der Bereich der Polizeidirektion Mitte die Kreise Rendsburg-Eckernförde, Segeberg und Plön sowie die kreisfreien Städte Kiel und Neumünster). Die Auswertung von Gefangenenakten sowie die Interviews inhaftierte Spätaussiedler beschränkten sich auf die JVA Neumünster. Weder das Bundesland Schleswig-Holstein noch die überwiegend ländlich strukturierten Landkreise können als repräsentativ für andere, insbesondere dichtbesiedelte Metropolregionen gelten.

Kleine Stichproben. Die Analyse von Gefangenenakten in der JVA Neumünster beinhaltete 38 Spätaussiedler. In den Interviews von in der JVA Neumünster inhaftierten Spätaussiedlern wurden insgesamt 27 Männer im Alter von 16 bis 33 Jahren sowie eine Vergleichsgruppe von 15 Ausländern befragt. Angesichts dieser kleinen Stichproben muss bei verallgemeinernden Schlussfolgerungen mit einer erhöhten statistischen Fehlermarge gerechnet werden.

Selbstselektion der befragten Personen. Die Teilnahme an den in der JVA Neumünster durchgeführten Interviews war freiwillig. Dabei muss mit der Gefahr einer zweifach verursachten Selbstselektion gerechnet werden: Zum einen setzt die Teilnahme eine gewisse Kooperationsbereitschaft voraus, welche mit anderen untersuchungsrelevanten Variablen korreliert sein und dadurch zu systematischen Verzerrungen führen kann. Hinzu kommt möglicherweise eine weitere Selbstselektion durch den Umfang der deutschen Sprachkenntnisse. Zwar hatten alle Interviewer russische Sprachkenntnisse, nachträglich ist jedoch nicht festzustellen, ob selbsteingeschätzte Defizite in der deutschen Sprachen die Bereitschaft zu Teilnahme an den Interviews beeinflusst haben.

Diese Selbstelektion betrifft auch die Teilnehmer der Gesprächsrunden, wenngleich eine Vielzahl von Organisationen und Einrichtungen angesprochen wurde.

Beschränkung auf das Hellfeld bei komplexer Dunkelfeldrelation. Die Methode der Analyse von Gefangenenakten sowie der Befragung von inhaftierten Personen kann nur bestimmte Facetten des Hellfeldes der Kriminalität von Spätaussiedlern erfassen. Es war uns im Rahmen dieses Forschungsprojektes auf Grund begrenzter Ressourcen nicht möglich, zusätzlich Dunkelfelduntersuchungen durchzuführen. Eine Übertragung von Ergebnissen der Dunkelfeldforschung, die an einheimischen (d.h. in Deutschland gebürtigen) Stichproben erhoben wurden, ist auf Grund differenziellen Anzeigeverhaltens nur eingeschränkt möglich. In Kap. IV 6 wurde bereits auf die durch Misstrauen gegenüber staatlichen Instanzen ausgelöste geringe Anzeigenbereitschaft insbesondere bei jugendlichen Spätaussiedlern hingewiesen. Diese Tendenz wird durch eine ausgeprägte Ehrauffassung verstärkt, die – jedenfalls bei innerethnischen – Konflikten eigene »Lösungen« fordert. Das Dunkelfeld dürfte dadurch, insbesondere bei bestimmten Deliktsarten, systematisch unterschätzt werden. Andererseits führt der in unseren Gesprächskreisen berichtete erhöhte Fahndungsdruck gegenüber Spätaussiedlern möglicherweise zu einer höheren Aufklärungsquote bei Delikten mit einheimischen Opfern, wodurch das Dunkelfeld bei bestimmten Delikts- und Opferkonstellationen eher überschätzt wird.

Beschränkung auf schwere Kriminalität. Mit den von uns verwendeten Methoden der Analyse von Gefangenenakten sowie der Befragung von inhaftierten Personen werden naturgemäß nur solche Fälle erfasst, die aufgrund der Schwere des Delikts oder anderer ungünstiger Konstellationen (z.B. Vorstrafen) mit einer Freiheitsstrafe ohne Bewährung geahndet wurden bzw. in denen die Bewährung widerrufen wurde. Dies bedeutet, dass Verfahren, die etwa mit einer Einstellung, einer Diversionsmaßnahme, einer Geld- oder Bewährungsstrafe endeten, sofern die Strafaussetzung zur Bewährung nicht widerrufen wurde, in unseren Stichproben nicht enthalten sind. Dies muss bei einer Übertragung unserer Ergebnisse auf weniger gravierende Kriminalität berücksichtigt werden.

Keine Kontrollgruppe nichtkrimineller Spätaussiedler. Eine eigentlich wünschenswerte Erhebung an nicht straffällig gewordenen Spätaussiedlern war auf Grund der begrenzten Ressourcen nicht möglich. Dadurch ist vor allem die Analyse protektiver Faktoren, welche eine dissoziale Entwicklung verhindern, nur indirekt möglich.

Trotz dieser methodischen Probleme und der daraus resultierenden Einschränkungen insbesondere hinsichtlich der Generalisierbarkeit erlauben die hier vorgestellten Befunde gleichwohl Schlussfolgerungen über Integrations- und Präventionsmöglichkeiten, die im folgenden Abschnitt vorgestellt werden. Sie können zudem wertvolle Orientierungshilfen für allgemeine Fragen der Integration von Spätaussiedlern und möglicherweise auch anderer Migranten geben.

X. Integrations- und Präventionsmaßnahmen (Köhnken / gesamte Forschungsgruppe)

Das zentrale Ergebnis unserer Untersuchung lautet, dass die Kriminalität der Spätaussiedler insgesamt kein besonderes Problem darstellt und dementsprechend auch keine besonderen kriminalpräventiven Maßnahmen für diese Bevölkerungsgruppe insgesamt erforderlich sind. Insoweit sind unsere Ergebnisse mit den Befunden aus mehreren anderen Untersuchungen konsistent. Daraus folgt: Die Kriminalität der Spätaussiedler ist nicht, wie in der Öffentlichkeit und in den Medien vielfach angenommen, eine besondere Bedrohung, sondern ein Mythos. Dem verbreiteten Stereotyp »krimineller Spätaussiedler« muss angesichts dieser Befundlage entgegengewirkt werden, da es das Verhalten von Einheimischen gegenüber Mitgliedern dieser Gruppe negativ beeinflussen und somit im Sinne einer sich selbst erfüllenden Prophezeiung kriminogen wirken kann. Es bedarf aus diesem Grund auch keiner spezifischen, auf diese Gruppe zugeschnittenen Maßnahmen zur Kriminalprävention.

Diese Schlussfolgerung bedeutet indes nicht, dass auf eine Verbesserung der vorhandenen Integrationsmaßnahmen – insbesondere in Hinblick auf Sprachförderung und Berufsausbildung – verzichtet werden kann. Diesbezügliche Bemühungen um Integration sollten aber nicht mit dem Etikett »Kriminalitätsverhütung« versehen werden, da damit eine indirekte Diskriminierung der Bevölkerungsgruppe »Spätaussiedler« verknüpft ist. Eine solche Vorgehensweise könnte sogar kontraproduktiv zur Kriminalitätsvorbeugung und -verhütung sein, da nach der Labeling-Theorie mit der Zuschreibung kriminellen Verhaltens ein eigenständiges Kriminalitätsrisiko entsteht: Wer als kriminell eingestuft wird, verhält sich auch eher entsprechend dieser Einordnung. Integrationsbemühungen tragen allerdings zusätzlich dazu bei, Kriminalitätsrisiken zu verringern. Kriminalprävention ist insoweit Nebeneffekt und sollte aus den genannten Gründen auch nicht als Legitimation für den Einsatz der für nachhaltige Integrationsmaßnahmen erforderlichen finanziellen Mittel herangezogen werden.

Integrationsbemühungen haben vielmehr als solche ihre eigenständige Begründung. Ein Land, welches eigene Landsleute bei sich wieder aufnimmt, geht damit implizit auch die Verpflichtung ein, für deren Integration in die Aufnahmegesellschaft Sorge zu tragen und entsprechende Maßnahmen zu ergreifen.

Während nahezu alle vorhandenen Forschungsergebnisse nicht auf eine erhöhte *allgemeine* Kriminalitätsbelastung von Spätaussiedlern hinweisen, scheint ebenso übereinstimmend für junge Männer im Altersbereich von 18 bis 25 Jahren ein deutlich erhöhtes Kriminalitätsrisiko zu bestehen. Für diese Gruppe sind deshalb besondere kriminalpräventive Anstrengungen erforderlich. Im Folgenden werden hierzu auf der Grundlage unserer Untersuchungsergebnisse mehrere Maßnahmen in Form eines »Zwei-Säulen-Modells« vorgeschlagen. Die erste

»Säule« besteht aus Maßnahmen zur allgemeinen Integrationshilfe für Spätaussiedler. Die zweite »Säule« umfasst speziell Maßnahmen für junge männliche Spätaussiedler, die überproportional kriminalitätsgefährdet sind. Diese Vorschläge erheben nicht den Anspruch eines umfassenden und in sich geschlossenen Integrationsmodells. Vielmehr werden einige aus unseren wie auch aus anderen Forschungsergebnissen abgeleitete Maßnahmen vorgestellt und systematisiert. Dabei wird allerdings auf die Notwendigkeit eines abgestimmten und koordinierten Vorgehens hingewiesen.

1. Erste Säule: Allgemeine Integrationsmaßnahmen

a) Sprachförderung

Eine möglichst früh nach der Übersiedlung einsetzende Sprachförderung ist zentrale Voraussetzung für das Gelingen der Integration in der Aufnahmegesellschaft. Vor allem die Interviews mit den inhaftierten Spätaussiedlern, aber auch die Gesprächsrunden mit Aussiedlern und Betreuern haben die vielfältig negativen Folgen sprachlicher Defizite deutlich gemacht. Sie reichen von an der Sprachbarriere scheiternden Kontakten zur einheimischen Bevölkerung über eine Rückstufung um ein bis zwei Jahrgänge in der Schule (trotz ausreichender Grundbegabung und Kenntnisse in anderen als Sprachfächern) und der dadurch ausgelösten Frustration bis hin zu eingeschränkten bzw. nicht vorhandenen Chancen einer qualifizierten Berufsausbildung mit den daraus sich ergebenden finanziellen Konsequenzen.

Die Art der Sprachförderung muss dabei flexibel und für neue und auch unkonventionelle Methoden offen sein. Junge Spätaussiedler haben ihre Erfahrungen mit dem bisherigen Sprachförderungsangebot häufig als negativ geschildert. Es werde zuviel »Grammatik gepaukt«. Hinzu tritt die Gefahr einer schulischen Überforderung. Sprachunterricht sollte deshalb auch in Zusammenhang mit Orientierungskursen zum Zurechtfinden in der deutschen Gesellschaft, z. B. beim Umgang mit Behörden, im Berufspraktikum sowie im Zusammenhang mit organisierten Freizeitaktivitäten angeboten werden. Auf diese Weise wird die deutsche Sprache eher »beiläufig« gelernt. Auch ältere Spätaussiedler könnten so Hemmschwellen für einen Sprachunterricht überwinden. Interessant erscheint in diesem Zusammenhang auch das im Rahmen der Integration anderer Migranten erprobte Modell, die Eltern, zumindest aber die Mütter in den Deutschunterricht der im Kindergarten befindlichen Kinder einzubeziehen, um auf diese Weise die deutschsprachige Kommunikation in der Familie zu fördern.

Zu überdenken ist auch die verbreitete Praxis, Sprachkurse speziell für Spätaussiedlergruppen anzubieten. Hier besteht die Gefahr, dass man außerhalb des Unterrichts in die vertraute Muttersprache »zurückfällt«. Sprachlich gemischte Lerngruppen hätten dagegen allein die deutsche Sprache als gemeinsames Kommunikationsmittel, so dass eine Übertragung der neu erworbenen sprachlichen Fertigkeiten in den Freizeitbereich gefördert würde.

Die Förderung deutscher Sprachkenntnisse darf andererseits aber nicht auf Kosten der Herkunftssprache erfolgen. Sie ist vielmehr als eine besondere Qualifikation anzusehen (und so auch an die Spätaussiedler zu vermitteln), weil dies einerseits das Selbstwertgefühl fördern kann und andererseits eine besondere berufliche Qualifikation begründet, die in der einheimischen Bevölkerung nur in sehr geringem Maße vorhanden ist.

b) Wohnsituation und regionale Integrationsangebote

Das Problem der »Gettoisierung« sollte aus unserer Sicht differenziert betrachtet werden. Die örtliche Konzentration von Spätaussiedlern in einzelnen Wohngebieten kann in der ersten Phase nach der Übersiedlung durchaus für das Zurechtfinden hilfreich sein. Sie vermittelt einen Schonraum und schafft Möglichkeiten der ethnischen Identifikation. Man sollte Spätaussiedlern nicht diesen Schonraum nehmen, sondern ihn belassen, wie auch deutsche Aussiedler in der Vergangenheit immer diesen ethnischen Zusammenhalt gesucht haben. Die lokale Konzentration von Spätaussiedlern würde zudem die Einrichtung einer speziellen Migrationsberatung ermöglichen. Aus der Vielzahl der Helferorganisationen soll die Migrationssozialberatung und speziell der Jugendmigrationsdienst der Gemeindediakonie Lübeck e.V. als beispielhaft genannt werden. Auch eine gezielte Förderung von Selbsthilfegruppe und »Migrationspaten« (Spätaussiedler, die bereits länger hier leben und ihre Erfahrungen an später eingetroffene Mitglieder der eigenen Volksgruppe weitergeben können) wäre dann möglich. Angehörige der eigenen ethnischen Gruppe stehen den Spätaussiedlern viel näher als z.B. einheimische Sozialarbeiter als Mitglieder einer häufig mit Misstrauen betrachteten »Obrigkeit«. Sie können daher wesentlich wirksamere Modelle für erfolgreiches Integrationsverhalten sein.

Dieser Schonraum darf aber nicht geschlossen und von der einheimischen Wohnbevölkerung isoliert werden. Ein Mittel der Öffnung könnte die Teilhabe an kommunaler Planung und Organisation sein, d. h. Kommunen sollten Spätaussiedler am kommunalen Leben z. B. mit Kultur- und Sportfesten beteiligen. Spätaussiedlern muss die Möglichkeit gegeben werden, sich in ihrer kulturellen Eigenart darzustellen.

Ein Kristallisationspunkt der gesellschaftlichen Teilhabe könnten Schulen sein, die ihr Programm im Sinne sozial-kultureller Zentren erweitern. Mit der Schule kann man nicht nur die Schülerinnen und Schüler erreichen, sondern auch deren Eltern, z. B. mit einem Schulcafe. Wenn Schulen dadurch erst einmal als sozial-kulturelle Zentren wahrgenommen werden, bieten sie sich für die Ansiedlung von Beratungsstellen und diversen Integrationsprojekten an. Dies wäre möglicherweise ein Weg, die oft beklagte schwere Erreichbarkeit mancher Spätaussiedler (wie auch anderer Migranten) zumindest teilweise zu überwinden.

2. *Zweite Säule: Unmittelbare und individualisierte Kriminalprävention*

a) *Früherkennung von Problementwicklungen*

Unsere Untersuchungsergebnisse haben gezeigt, dass es nicht eine allgemein erhöhte Kriminalität von Spätaussiedlern gibt, wohl aber eine überproportional hohe Kriminalitätsbelastung junger Männer. Damit stellt sich die Frage, wie diejenigen jungen Männer frühzeitig herausgefiltert werden können, für die auf Grund spezifischer Kombinationen von Risikofaktoren ein besonderer Bedarf an Hilfe und Betreuung besteht, um Straftaten zu verhindern. Wenn Auffälligkeiten in Form von Straftaten auftreten, ist es häufig schon zu spät, dann kann nur noch die tertiäre Prävention von Seiten der Strafjustiz eingreifen.

Es kommt deshalb darauf an, bereits die ersten Anzeichen einer möglichen Problementwicklung zu erkennen und darauf zu reagieren. Diese können sich z.B. in sich verschlechternden Schulleistungen, Schulschwänzen, Nichtannahme von Ausbildungs- oder Arbeitsangeboten oder deren Abbruch ankündigen. Derartige Frühwarnsignale treten in Problemfällen manchmal nahezu zeitgleich in ganz unterschiedlichen Bereichen auf, wobei die jeweils involvierten Institutionen immer nur die in ihrem eigenen Zuständigkeitsbereich sichtbaren Probleme wahrnehmen. Dies führt zum einen dazu, dass das Ausmaß eines sich anbahnenden Problems auf Grund der beschränkten eigenen Perspektive unterschätzt wird. Zum andern beschränken sich Interventionen auf den eigenen Bereich und verkennen dabei mögliche übergeordnete Ursachen der Problematik.

Daraus folgt die Notwendigkeit zunächst einmal einer Verbesserung der Kommunikation aller beteiligten Einrichtungen (z.B. Agentur für Arbeit, Berufsschule, Lehrer in Deutschkursen, ggf. kontaktierte Ämter), um der Gefahr einer Unterschätzung der Problementwicklung vorzubeugen. Hierbei ist allerdings grundsätzlich zur Wahrung des Datengeheimnisses die Einwilligung des Betroffenen erforderlich. Bei Gefährdungssituationen für Dritte ist darüber hinaus eine Informationsweitergabe erlaubt. Im nächsten Schritt müssten dann ggf. zu ergreifende Maßnahmen abgestimmt und koordiniert werden. Hierbei wäre zumindest in Ballungszentren der Spätaussiedler eine spezielle Anlaufstelle für kriminalpräventive Maßnahmen sinnvoll, von der aus die Einzelaktivitäten koordiniert und gesteuert werden.

b) *Individuell angepasste und evaluierte Maßnahmen*

Weiter oben wurde ausgeführt, dass dissoziales und kriminelles Verhalten aus je spezifischen Kombinationen von Risikofaktoren resultiert. Diese Risikofaktoren können sich höchst unterschiedlich kombinieren und kumulieren, so dass bei Person A eine andere Problemlage kriminelles Verhalten begünstigt haben mag als bei Person B. Aus dieser Erkenntnis folgt die Notwendigkeit, im Einzelfall zunächst einmal die jeweils individuelle Problemlage (d.h. die Kombination der jeweiligen Risikofaktoren und Schutzfaktoren) zu identifizieren. Erst dann ist es sinnvoll möglich, maßgeschneiderte Maßnahmen zu ergreifen. Die bisher vielfach in der Integrationsdiskussion vorgeschlagenen *allgemeinen* Maßnahmen können bei der Planung einer Intervention eine erste Orientierungshilfe, ein Ausgangspunkt für Überlegungen zu individualisierten Maßnahmen sein.

Weitere Orientierungen lassen sich aus dem von Bliesener weiter oben vorgestellten Risikofaktorenmodell entnehmen.

Insbesondere die von uns durchgeführten Befragungen von inhaftierten Spätaussiedlern sowie die Gesprächsrunden mit Spätaussiedlern und Betreuern aus den unterschiedlichsten Bereichen haben einige Risiko- und Konfliktsituationen erkennen lassen, denen jugendliche und heranwachsende Spätaussiedler häufig ausgesetzt sind (z.B. die Verweigerung des Zugangs zu einer Diskothek oder eine vermeintlich voreingenommene Behandlung durch Polizeibeamte). Wenn man derartige mit einer gewissen Wahrscheinlichkeit auftretende Konfliktsituationen kennt und wenn man zudem weiß, dass defizitäre Konfliktlösungstechniken leicht zu aggressiven Auseinandersetzungen führen, kann man z.B. präventiv in Rollenspielen sozial akzeptierte Verhaltensweisen einüben.

Ein junger Spätaussiedler, bei dem sich eine Problementwicklung anbahnt, existiert nicht in einem sozialen Vakuum, sondern ist in familiäre und Peergroup-Strukturen eingebunden. Diese können die Entwicklung negativ wie auch positiv beeinflussen. Vor diesem Hintergrund reicht es häufig nicht aus, allein mit den Betroffenen zu arbeiten. So weit es möglich ist, sollte deshalb das soziale Umfeld in die Planung und Durchführung von Maßnahmen einbezogen werden. Darüber hinaus ist gerade bei Spätaussiedlern oftmals eine Familiensozialarbeit wichtig. Die Familie bleibt trotz der Brüche in der bisherigen Familienstruktur weiterhin dominant, ohne ihre Einbeziehung oder gar gegen sie wird oftmals kein Erfolg zu erzielen sein.

Man kann nicht davon ausgehen, dass eine bestimmte individualisierte Maßnahme, die sich bei Person A als erfolgreich erwiesen hat, auch bei Person B erfolgreich sein wird. Deshalb ist eine zweite Voraussetzung für den hier vorgeschlagenen Ansatz eine (ebenfalls individualisierte) Evaluation der Maßnahme. Wenn sich dabei zeigt, dass der angestrebte Erfolg nicht eintritt, könnte rechtzeitig und unter Vermeidung von Frustrationen bei allen Beteiligten eine Anpassung/Veränderung der eingeleiteten Maßnahmen vorgenommen werden. Eine »Evaluation« in der hier vorgeschlagenen Form erfordert nicht notwendigerweise eine umfassende und aufwändige »Begleitdiagnostik«. Gemeint ist vielmehr, dass man einerseits die Möglichkeit der Nichteignung einer Maßnahme bereits in die Planung einbezieht und zweitens regelmäßig Informationen (z.B. durch Gespräche mit der betreuten Person oder Kommunikation mit anderen Einrichtungen) über die Auswirkungen der Intervention einholt.

Zusammenfassend ergibt sich hieraus, dass Angebote/Maßnahmen zur Förderung der Integration von Spätaussiedlern
- früh einsetzen,
- auf die individuellen Besonderheiten zugeschnitten,
- individuell hinsichtlich ihrer Wirksamkeit evaluiert und
- in einem vernetzten System koordiniert werden sollten.

Das hier vorgeschlagene Modell individuell angepasster Maßnahmen würde vermutlich auch einen wesentlich effizienteren Einsatz knapper Ressourcen ermöglichen. Es würden nicht mehr undifferenziert »irgendwelche« in anderen Fällen vielleicht erfolgreiche Maßnahmen mit u. U. hohem personellen und finanziellen Aufwand gleichsam nach dem Gießkannenprinzip »ausgestreut«, sondern nur noch diejenigen Maßnahmen ergriffen werden, die angesichts der individuellen Problemkonstellation wirklich erforderlich sind.

3. Grenzen der unmittelbaren und individualisierten Kriminalprävention

Die hier vorgeschlagenen Maßnahmen zur Förderung der Integration und zur speziellen Kriminalprävention bei jungen männlichen Spätaussiedlern sind primär als Angebote zu verstehen. Es macht wenig Sinn, jemanden gegen seinen Willen in Selbsthilfegruppen oder Verhaltenstrainings zu zwingen. Daraus folgt, dass mit diesen Maßnahmen nicht alle potenziell kriminalitätsbelasteten Spätaussiedler erreicht werden können. Diese Einsicht negiert jedoch nicht den Nutzen gezielter Integrationshilfen und Präventionsmaßnahmen. Ein Großteil der Spätaussiedler wird erfahrungsgemäß in einem überschaubaren Zeitraum nach der Zuwanderung zufriedenstellend integriert und sozial unauffällig sein. Ein kleiner Teil mit kriminellen Auffälligkeiten ist, wie erwähnt, durch auf Freiwilligkeit abstellende Angebote (jedenfalls zunächst) nicht zu erreichen. Wir haben hier eine dritte Gruppe im Blick, nämlich diejenigen jungen männlichen Spätaussiedler, die in ein dissoziales Verhalten abzugleiten drohen, deren Risikobelastung bislang nicht erkannt wurde und die demgemäß nicht mit gezielten Integrations- und Präventionsmaßnahmen angesprochen wurden. Der Umstand, dass andere nicht erreicht werden können, darf nicht dazu führen, das Erreichbare zu unterlassen.

XI. Literaturverzeichnis

Bals, N., Hilgartner, C. & Bannenberg, B. (2006). *Abschlussbericht zum Projekt »Integration von jugendlichen Spätaussiedlern«.* http://www.lpr.nrw.de/pdf/Bericht_Bielefeld.pdf

Bauman, K.E., Ennett, S.T. (1996). *On the importance of peer influence for adolescent drug use: Commonly neglected considerations.* Addiction, 91, 185-198.

Bliesener, T. (2003). Jugenddelinquenz. Risikofaktoren, Prävention, Intervention und Prognose. Praxis der *Rechtspsychologie, Sonderheft Jugenddelinquenz*, 13, 174-191.

Bliesener, T. & Köhnken, G. (2005). *Kriminalpsychologie.* In: D. Frey & C. Graf Hoyos (Hrsg.), Psychologie in Gesellschaft, Kultur und Umwelt. 11-17.

Brooks, R.B. (1994). *Children at risk: Fostering resilience and hope.* American Journal of Orthopsychiatry, 64, 545-553.

Bundesministerium des Inneren/Bundesministerium der Justiz. (2001). *Erster Periodischer Sicherheitsbericht.* http://www.bmi.bund.de

Cairns, R.B. & Cairns, B.D. (1991). *Social cognition and social networks: A developmental perspective.* In: D.J. Pepler & K.H. Rubin (Eds.), The development and treatment of childhood aggression (pp. 249-276).

Criss, M.M., Pettit, G.S., Bates, J.E., Dodge, K.A. & Lapp, A.I. (2002). *Family adversity, positive peer relationships, and children's externalizing behavior: A longitudinal perspective on risk and resilience.* Child Development, 73, 1220-1237.

Elliott, D.S. (1994). *Serious violent offenders: Onset, developmental course, and termination.* Criminology, 32, 1-21.

Farrington, D.P. (1989). *Long_term prediction of offending and other life outcomes.* In: H. Wegener, F. Lösel & J. Haisch (Eds.), Criminal behavior and the justice system: Psychological perspectives (pp. 26-39).

Feuerhelm, W. & Kügler, N. (2002). *Das »Haus des Jugendrechts« in Stuttgart/Bad Cannstatt.*

Frick, P.J., Christian, R.E. & Wootton, J.M. (1999). *Age trends in the association between parenting practices and conduct problems.* Behavior Modification, 23, 106-128.

Gesemann (2004). *Junge Zuwanderer und Kriminalität in Berlin. Bestandsaufnahme – Ursachenanalyse – Präventionsmaßnahmen.* Der Beauftragte des Senats von Berlin für Integration und Migration (Hrsg.).

Gluba, A. & Schaser, P. (2003). *Registrierte Kriminalität von Aussiedlern in zwei niedersächsischen Großstädten.* Kriminalistik. 291-304.

Grübl, G. & Walter, J. (1999). *»Russlanddeutsche«im Jugendstrafvollzug.* Bewährungshilfe. 4/1999, 360-374.

Grundies, V. (2000). *Kriminalität junger Aussiedler – Ein Längsschnitt- vergleich mit in Deutschland geborenen jungen Menschen anhand polizeilicher Registrierungen.* MschrKrim. 290-305.

Haapasalo, J. & Tremblay, R.E. (1994). *Physically aggressive boys from age 6 to 12: Family background, parenting behavior, and prediction of delinquency.* Journal of Consulting and Clinical Psychology, 62, 1044-1052.

Hawkins, J.D., Herrenkohl, T., Farrington, D.P., Brewer, D., Catalano, R.F. & Harachi, T.W. (1998). *A review of predictors of youth violence.* In: R. Loeber & D.P. Farrington (Eds.), Serious & violent juvenile offenders (pp. 106-146).

Held, P. (2006). Ergänzungen für den Abschlussbericht zum Projekt »Integration von jugendlichen Spätaussiedlern«. http://www.lpr.nrw.de/pdf/Bericht_Koeln.pdf

Henninger, S. (2003). *Nichtdeutsche Beschuldigte im Jugendstrafverfahren.*

Hodgins, S., Kratzer, L. & McNeil, T.F. (2002). *Are pre and perinatal factors related to the development of criminal offending?* In: R.R. Corrado, R.Roesch, S.D. Hart & J.K. Gierowski (Eds.) Multi-problem violent youth (pp. 58-80).

Hooper, S.R. & Burchinal, M.R., Roberts, J.E., Zeisel, S. & Neebe, E.C. (1998). *Social and family risk factors for infant development at one year: An application of the cumulative risk model.* Journal of Applied Developmental Psychology. 19, 85-96.

Hotter, I. (2004). *Untersuchungshaftvermeidung für Jugendliche und Heranwachsende in Baden-Württemberg.*

Kleimann, M. & Pfeiffer, Ch. (2004). *Zur Kriminalität junger Aussiedler - Aktuelle Befunde und Erklärungsansätze.* ZJJ. 378-384.

Kronbügel, G. (2002). *Delinquenz von Spätaussiedlern im Kreis Plön – eine Bestandsaufnahme.*

Landesstelle gegen die Suchtgefahren für Schleswig – Holstein. (2004). *Aussiedlerinnen und Aussiedler in der Drogenhilfe Schleswig – Holstein: Versorgungssituation, Konsummuster und Zugangsbarrieren zum Hilfesystem.*

Lösel, F. & Bender, D. (1997). *Antisoziales Verhalten von Kindern und Jugendlichen.* Psycho. Zeitschrift für Psychiatrie, Neurologie, Psychotherapie., 23, 22-25.

Lösel, F. & Bender, D. (1999). *Von generellen Schutzfaktoren zu differentiellen protektiven Prozessen. Ergebnisse und Probleme der Resilienzforschung.* In: Opp, G., Fingerle, M. & Freytag, A. (Hsrg), Was Kinder stärkt. Erziehung zwischen Risiko und Resilienz (S. 37-58).

Lösel, F. & Bliesener, T. (1994). *Some high-risk adolescents do not develop conduct problems: A study of protective factors.* International Journal of Behavioral Development, 17, 753-777.

Lösel, F. & Bliesener, T. (2003). *Aggression und Delinquenz unter Jugendlichen – Untersuchungen von kognitiven und sozialen Bedingungen.*

Lösel, F. & Bliesener, T. (in Druck). *Hooliganismus in Deutschland: Verbreitung, Ursachen und Prävention.* Monatsschrift für Kriminologie und Strafrechtsreform.

Luff, J. (2000). *Kriminalität von Aussiedlern. Polizeiliche Registrierungen als Hinweis auf misslungene Integration?*

Luff, J. (2001). *»Aussiedlerkriminalität« – Fakten und Mythen.* Kriminalistik, 55 (1), 29-33.

Masten, A.S., Best, K.M. & Garmezy, N. (1990). *Resilience and development: Contributions from the study of children who overcome adversity.* Development and Psychopathology, 2, 425-444.

Meier, B.-D. (2005). *Kriminologie.* 2. Auflage.

Needleman, H.L., Riess, J.A., Tobin, M.J., Biesecker, G.E. & Greenhouse, J.B. (1996). *Bone lead levels and delinquent behavior.* Journal of the American Medical Association, 275, 363-369.

Noack, P. (2002). *Familie und Peers.* In: M. Hofer, E. Wild & P. Noack (Hrsg.), Lehrbuch Familienbeziehungen, 2. Auflage (S. 143-167).

Nomos – Kommentar – StGB. (2005). 2. Auflage.

Oberwittler, D. & Würger, M. (1999). Emmendinger Schülerbefragung zur Jugenddelinquenz.

Olsson, C.A., Bond, L., Burns, J.M., Vella-Brodrick, D.A. & Sawyer, S.M. (2003). *Adolescent resilience: A concept analysis.* Journal of Adolescence, 26, 1-11.

Osofsky, J.D. & Dewana, T. (2000). *Adaptive and maladaptive parenting: perspectives on risk and protective factors.* In: J.P. Shonkoff & S.J. Meisels (Eds.), Handbook of early childhood intervention (pp. 54-75).

Ott, S. & Bliesener, T. (2006). Abschlussbericht der Projektgruppe Kiel »Integration jugendlicher Spätaussiedler. http://www.lpr.nrw.de/pdf/Bericht_Kiel.pdf

Patterson, G.R. & Yoerger, K. (1993). *Developmental models for delinquent behavior.* In: S. Hodgins (Ed.), Mental disorder and crime (pp. 140-172).

Pfeiffer, Ch. & Schöckel. (1990). *Gewaltkriminalität und Strafverfolgung.* In: *Ursachen, Prävention und Kontrolle von Gewalt.* hrsg. von Schwind & Baumann. Bd. III. 397-468.

Pfeiffer, Ch. & Brettfeld, K. & Delzer, I. (1996). *Kriminalität in Niedersachsen. Eine Analyse auf der Basis der Polizeilichen Kriminalstatistik 1988 – 1995.* KFN – Forschungsberichte Nr. 56.

Pfeiffer, Ch. & Delzer, I. & Enzmann, D. & Wetzels, P. (1999). *Ausgrenzung, Gewalt und Kriminalität im Leben junger Menschen.* In: Kinder und Jugendliche als Opfer und Täter: Prävention und Reaktion. Dokumentation des 24. Dt. Jugendgerichtstages vom 18.-22. Sept. 1998. hrsg. von der DVJJ. 58-184.

Pfeiffer, Ch. & Wetzels, P. (2000). *Neue Wege der Aussiedlerintegration: Vom politischen Konzept zur Praxis.* hrsg. von der Friedrich-Ebert-Stiftung. 27 ff.

Pfeiffer, Ch. & Kleimann, M. (2004). *Noch immer eine Problemgruppe mit hoher Krimialitätsbelastung?* Polizei – heute 6/04. 196-200.

Rutter, M. (1987). *Psychosocial resilience and protective mechanisms.* American Journal of Orthopsychiatry, 57, 316-331.

Schneider, W.J., Cavell, T.A. & Hughes, J.N. (2003). *A sense of containment: Potential moderator of the relation between parenting practices and children´s externalizing behaviors.* Development and Psychopathology, 15, 95-117.

Smith, G. (1999). *Resilience concepts and findings: Implications for family therapy*: Journal of Family Therapy, 21, 154-158.

Sonnen, B.-R. (2004). *Minderjährige Immigranten und das Risiko abweichenden Verhaltens.* ZJJ. 94,95.

Stattin, H., Romelsjö, A. & Stenbacka, M. (1996). *Personal resources as modifiers of the risk for future criminality: An analysis of protecive factors in relation to 18-year-old boys.* British Journal of Criminology, 37, 198-223.

Steffen, W. (1998). *Problemfall »Ausländerkriminalität«.* In: Festschrift für Kaiser. 663-681.

Strobl, R. & Kühnel, W. (2000). *Dazugehörig und ausgegrenzt: Analysen zu Integrationschancen junger Aussiedler.*

Suhling, S. & Schott, T. (2001). *Ansatzpunkte zur Erklärung der gestiegenen Gefangenzahlen in Deutschland.* In: Forschungsthema Strafvollzug. hrsg. von Bereswill & Greve. 25 – 83.

Walter, J. & Grübl, G. (1999). *»Russlanddeutsche« im Jugendstrafvollzug.* In: Bewährungshilfe. 04/1999. 360-374.

Walter, J. & Grübl, G. (1999). *Junge Aussiedler im Jugendstrafvollzug.* In: Aussiedler: Deutsche Einwanderer aus Osteuropa. hrsg. von Bade, K. & Oltmer, J.

Walter, J. (2000). *Aktuelle Kriminalpolitische Strömungen und ihre Auswirkungen auf den Jugendstrafvollzug.* DVJJ-Journal. 251-265.

Walter, J. (2005). *Neue Ansätze in der Behandlung junger Gefangener.* In: Entwicklungen im Jugendstrafrecht. hrsg. von der DVJJ-Regionalgruppe Nordbayern. 81- 99.

Walter, M. (2005). *Jugendkriminalität.* 3. Auflage.

Werner, E.E. & Smith, R.S. (1992). *Overcoming the odds.*

Winkler, S. (2003). *Ausländer und Aussiedler im Strafvollzug, Gutachten zum 8. Dt. Präventionstag 2003, Teil II.* 211-302.

Yoshikawa, H. (1994). *Prevention as cumulative protection: Effects of early family support and education on chronic delinquency and its risks.* Psychological Bulletin, 115, 28-54.

Anhang 1

Forschungsstelle für Jugendstrafrecht und Kriminalprävention, Kiel

Erfassungsbogen
Für eine Sonderauswertung der **Aussiedlerkriminalität**
Im Bereich der Polizeidirektion Schleswig-Holstein Mitte

Bitte bei **jedem** Strafermittlungsvorgang mit tatverdächtigen Aussiedlern sorgfältig ausfüllen

| Dienststellenstempel | Bitte **jedes** Feld ausfüllen! Bei fehlenden Angaben eine „0" eintragen. |

_____/03
(Tgb.-/OE-Nr.)

Angaben zum Tatverdächtigen

Name | Vorname | Alter zur Tatzeit ____ Jahre

m / w | Geburtsort | Geburtsland

Aufhältlich in Deutschland seit _____ (Jahr) | Deutscher Staatsangehöriger durch: Geburt | Heirat | Einbürgerung | Adoption

Postleitzahl/Wohnort | Kreis (außerhalb SH, Bundesland)

Ausgeübte Tätigkeit

Angezeigte Straftat(en) gem. StGB/Strafnebengesetze

PLz./ Tatort | Tatzeit _____ (TT.MM.JJ)

Allein handelnd ☐ | Gemeinschaftlich handelnd ☐

Schadenshöhe in € (geschätzt) _____

Zur Polizeilichen Kriminalstatistik erfasst unter der Schlüsselzahl _____

Angaben zum Opfer

Aussiedler ☐ | Nichtdeutscher ☐ | Deutscher ☐ | Unbekannt ☐

m / w ☐ | Alter ☐ | Firma/Institution ☐

(Rückfragen an: 0431/ 160- 2021/2023)

Anhang 2

Fragebogen zur Aktenanalyse
„Kriminalität der Spätaussiedler"

1. Allgemeine Angaben / Auswertung A-Bogen

1. Fallnummer (fortlaufend)

2. Buchnummer

3. Vollzugsanstalt

	Neumünster	1
	Kiel	2
	Lübeck	3
	Flensburg	4
	Schleswig	5
	Itzehoe	6

4. Art des Vollzugs

	Erwachsenenvollzug	1
	Jugendvollzug	2

5. Geschlecht

	männlich	1
	weiblich	2

6. Geburtsdatum des Gefangenen [TT MM JJ]

7. Nationalität / Geburtsort

	BRD – dt. Staatsgebiet	01
	Spätaussiedler:	
	ehem. UdSSR:	
	Armenien	02
	Aserbaidschan	03
	Estland	04
	Georgien	05
	Kasachstan	06
	Kirgistan	07
	Lettland	08
	Litauen	09
	Moldau	10
	Russische Föderation	11
	Tadschikistan	12

Turkmenistan	13	
Ukraine	14	
Usbekistan	15	
Weißrussland	16	
übrige Aussiedlungsgebiete:		
Polen	17	
ehem. CSFR	18	
Ungarn	19	
Rumänien	20	
ehem. Jugoslawien	21	
Ausländer	22	
sonstige		

8. Aufnahme in den Vollzug   [TT MM JJ] ☐☐ ☐☐ ☐☐
    (zugeführt am)

9. Voraussichtliches Ende der Strafzeit   [TT MM JJ] ☐☐ ☐☐ ☐☐

10. Anzurechnende U-Haft   [insgesamt in Tagen] ☐☐☐

    10a. Dauer einer eventuellen U-Haft [insgesamt in Tagen] ☐☐☐

11. (Längere) Strafunterbrechungen ☐

    ja   1
    nein   2

    11a. wenn ja: Dauer in Tagen ☐☐☐

    11b. Grund ☐

        Flucht   1
        Strafunterbrechung   2
        sonstiges (angeben)   3 ....

12. Letzte Entlassung am: [TT MM JJ] ☐☐ ☐☐ ☐☐

    12a. Straftatbestand (siehe Codeplan 1) ☐☐

    12b. Art der Strafe / Maßregel ☐☐

        unbedingte Freiheitsstrafe (FS)   01
        widerrufene FS zur Bewährung   02
        widerrufene Reststrafe von FS   03
        Geldstrafe/Ersatzfreiheitsstrafe   04
        Jugendstrafe (JS)   05
        widerrufene JS zur Bewährung   06
        widerrufene Reststrafe von JS   07
        Strafarrest   08
        Unterbringung psych. Kranken-
        Haus, § 63 StGB   09

Unterbringung Entziehungsanstalt,
§ 64 StGB   10

Unterbringung in Sicherheitsver-
Wahrung, § 66 StGB   11
sonstiges

....

12c. Bei Freiheitsstrafe / Jugendstrafe: Strafhöhe [JJ MM]

lebenslängliche Freiheitsstrafe   8888

12d. Bei Ersatzfreiheitsstrafe: Anzahl der Tage

13. Besondere Vermerke auf dem A-Bogen oder innerhalb der Akte
(Mehrfachnennungen möglich)

Kein Vermerk   00
Drogenabhängiger, BTM   01
Drogengefährdeter   02
Haschischkonsument/
BTM-Konsument   03
Rauschgiftschmuggel / Handel   04
Alkoholiker   05
Fesselung, gefährlich   06
Vorkommnisse in der Haft zuvor
(außer den oben genannten)   07
Versuch, Feuer in der Zelle zu
legen   08
Asthma   09
Fluchtgefahr   10
Ausbruchsversuch, Ausbrecher   11
Straftat während des Urlaubs   12
Nichtrückkehrer   13
besondere Sicherungsmaßnahmen   14
Urlaubsmissbrauch   15
Ausgangsmissbrauch   16
Freigangsmissbrauch   17
Vorsicht beim Besuch   18
Gewalttäter   19
Epileptiker   20
Tablettenkonsument   21
seelisch oder geistig abartig   22
Krankheiten, krank   23
Schlucker   24

Gefahr der Gewalt gegen

Bedienstete / Widersetzlichkeit   25
Gefahr des Selbstmordes   26
Gefahr der Selbstbeschädigung   27
Gefahr der Bedrohung durch

Mitgefangene	28
Sexualdelinquenz	29
Überhaft	30
Hinweis: Blutkontakt vermeiden	31
strenge Mittätertrennung	32
sonstiges	
....	

2. Einweisungsstrafen

14. Erster Einweisungsgrund (qualitativ)

    14a. Straftatbestand (siehe Codeplan 1)

        (schwerstes) Delikt

        ggf. Anzahl der tatmehrheitlich begangenen Delikte

    14b. Beteiligungsform :

Alleintäterschaft, § 25 Abs.1 1. Alt. StGB	1
Mittelbare Täterschaft, § 25 Abs. 1 2. Alt. StGB	2
Mittäterschaft, § 25 Abs. 2 StGB	3
Anstiftung, § 26 StGB	4
Beihilfe, § 27 StGB	5
k.A.	9

    14c. Art der Strafe

unbedingte Freiheitsstrafe (FS)	1
widerrufene FS zur Bewährung	2
widerrufene Reststrafe von FS	3
Geldstrafe/Ersatzfreiheitsstrafe	4
Jugendstrafe (JS)	5
widerrufene JS zur Bewährung	6
widerrufene Reststrafe von JS	7
Strafarrest	8
sonstiges	
....	

    14d. Bei Freiheitsstrafe / Jugendstrafe: Strafhöhe [JJ MM]

        lebenslängliche Freiheitsstrafe   8888

    14e. Bei Ersatzfreiheitsstrafe: Anzahl der Tage

15. Zweiter Einweisungsgrund, wenn vorhanden

    15a. Straftatbestand (Codierung siehe Frage 14)

(schwerstes) Delikt

ggf. Anzahl der tatmehrheitlich begangenen Delikte ☐☐

15b. Beteiligungsform : ☐

    Alleintäterschaft,
    § 25 Abs.1 1. Alt. StGB   1
    Mittelbare Täterschaft,
    § 25 Abs. 1 2. Alt. StGB   2
    Mittäterschaft, § 25 Abs. 2 StGB   3
    Anstiftung, § 26 StGB   4
    Beihilfe, § 27 StGB   5
    k.A.   9

15c. Art der Strafe ☐

    unbedingte Freiheitsstrafe (FS)   1
    widerrufene FS zur Bewährung   2
    widerrufene Reststrafe von FS   3
    Geldstrafe/Ersatzfreiheitsstrafe   4
    Jugendstrafe (JS)   5
    widerrufene JS zur Bewährung   6
    widerrufene Reststrafe von JS   7
    Strafarrest   8
    sonstiges ....

15d. Bei Freiheitsstrafe / Jugendstrafe: Strafhöhe [JJ MM] ☐☐☐☐

15e. Bei Ersatzfreiheitsstrafe: Anzahl der Tage ☐☐☐

16. Dritter Einweisungsgrund, wenn vorhanden

    16a. Straftatbestand (Codierung siehe Frage 14)

    (schwerstes) Delikt ☐☐

    ggf. Anzahl der tatmehrheitlich begangenen Delikte ☐☐

    16b. Beteiligungsform : ☐

        Alleintäterschaft,
        § 25 Abs.1 1. Alt. StGB   1
        Mittelbare Täterschaft,
        § 25 Abs. 1 2. Alt. StGB   2
        Mittäterschaft, § 25 Abs. 2 StGB   3
        Anstiftung, § 26 StGB   4
        Beihilfe, § 27 StGB   5
        k.A.   9

16c. Art der Strafe ☐

    unbedingte Freiheitsstrafe (FS)   1
    widerrufene FS zur Bewährung   2
    widerrufene Reststrafe von FS   3
    Geldstrafe/Ersatzfreiheitsstrafe   4
    Jugendstrafe (JS)   5
    widerrufene JS zur Bewährung   6
    widerrufene Reststrafe von JS   7
    Strafarrest   8
    sonstiges
    ....

16d. Bei Freiheitsstrafe / Jugendstrafe: Strafhöhe [JJ MM] ☐☐☐☐

16e. Bei Ersatzfreiheitsstrafe: Anzahl der Tage ☐☐☐

17. Vierter Einweisungsgrund, wenn vorhanden

17a. Straftatbestand (Codierung siehe Frage 14)

    (schwerstes) Delikt ☐☐

    ggf. Anzahl der tatmehrheitlich begangenen Delikte ☐☐

17b. Beteiligungsform : ☐

    Alleintäterschaft,
    § 25 Abs.1 1. Alt. StGB   1
    Mittelbare Täterschaft,
    § 25 Abs. 1 2. Alt. StGB   2
    Mittäterschaft, § 25 Abs. 2 StGB   3
    Anstiftung, § 26 StGB   4
    Beihilfe, § 27 StGB   5
    k.A.   9

17c. Art der Strafe ☐

    unbedingte Freiheitsstrafe (FS)   1
    widerrufene FS zur Bewährung   2
    widerrufene Reststrafe von FS   3
    Geldstrafe/Ersatzfreiheitsstrafe   4
    Jugendstrafe (JS)   5
    widerrufene JS zur Bewährung   6
    widerrufene Reststrafe von JS   7
    Strafarrest   8
    sonstiges
    ....

17d. Bei Freiheitsstrafe / Jugendstrafe: Strafhöhe [JJ MM] ☐☐☐☐

17e. Bei Ersatzfreiheitsstrafe: Anzahl der Tage

18. Zusätzlich zu 1.- 4. Einweisungsgrund:

    18a. Sicherungsverwahrung

        ja   1
        nein   2

    18b. Andere Maßregeln

        keine   1
        Psychiatrisches Krankenhaus   2
        Entziehungsanstalt   3

19. Aufnahme:

    durch Selbststellung   1
    nach Festnahme   2
    aus Untersuchungshaft   3

20. Offene Verfahren:

    ja   1
    nein   2

21. Wenn Ausländer, Ausweisungs-/Auslieferungsverfahren:

    ja   1
    nein   2

22. Führungsaufsicht:

    ja   1
    nein   2

23. Anschlussstrafe zu erwarten

    ja   1
    nein   2

24. Ergebnis der Zugangsuntersuchung (C-F-Bogen)
    (Falls nicht ausgefüllt, weiter mit Frage 25)

    24a. C-F-Bogen
        (wenn vorhanden, ankreuzen)

                                                C D E F

    24b. Erklärung über Drogenabhängigkeit

        ja   1
        nein   2

24c. wenn ja:

    körperlich   1
    psychisch   2
    k.A.   9

24d. Falls Drogenabhängigkeit, Art der Droge (Mehrfachnennungen)

    Marihuana/Haschisch   1
    LSD   2
    Heroin   3
    Amphetamine/Tabletten   4
    Alkohol   5
    verschiedene   6
    k.A.   9

24e. Ist bereits eine Therapie erfolgt:

    ja   1
    nein   2
    k.A.   9

24f. Falls Bedenken gegen Einzelunterbringung, Gründe:

    Alkoholentzug   1
    Drogenentzug   2
    Suizidgefährdung   3
    Herzerkrankung   4
    Gewalttätigkeit   5
    sonstiges   6
    ....

24g. In welchem Umfang arbeitsfähig

    voll arbeitsfähig   1
    voll und außen arbeitsfähig   2
    teilweise   3
    teilweise und außen arbeitsfähig   4
    nicht arbeitsfähig   5
    k.A.   9

3. Sozialbiographische Daten (Behandlungsuntersuchung/Anlage zum D-Bogen)

25. Familienstand (Angaben unter 3. auch ggf. laut Urteil)

    ledig   1
    verheiratet   2
    geschieden   3
    getrennt lebend   4
    verwitwet   5
    verlobt/feste Freundschaft   6

nichtehel. Lebensgemeinschaft 7

26. Kinder des Gefangenen [Anzahl] ☐

    mehr als 6   7

  26a. Davon unterhaltsberechtigt ☐

27. Wenn Spätaussiedler / Ausländer: Deutschkenntnisse ☐

    nein   0
    kaum (sprachl. wie schriftl. nur bruchstückhaft)   1
    gut   2
    einigermaßen (sprachl. Verständigung möglich, schriftl. nicht)   3
    k.A.   9

28. Wenn Spätaussiedler / Ausländer, Zuwanderung in die BRD

    Jahr:
    k.A.   9999   ☐☐☐☐

  28a. Zuwanderung erfolgte:
    (Mehrfachnennungen)

    allein   1   ☐
    mit Vater   2   ☐
    mit Mutter   3
    mit Eltern   4
    mit Geschwistern   5   ☐
    mit Großeltern   6
    k.A.   9

29. Gewalterfahrungen in der Familie

  29a. persönlich

    ja   1   ☐
    nein   2
    k.A.   9

  29b. bei anderen Familienmitgliedern

    ja   1   ☐
    nein   2
    k.A.   9

30. Hinweise auf besondere Problemlagen ☐

    nein   0

in der Beziehung 1
am Ausbildungs- oder Arbeitsplatz 2
im Freundeskreis 3

Suchterkrankung   **4**

Institutionelle Vorbelastungen (Angaben ggf. laut Urteil)

31. Kontakte zum Jugendamt

    ja 1
    ja, mehrfach 2
    nein 3
    k.A. 9

32. Kontakte zur Familienhilfe

    ja 1
    ja, mehrfach 2
    nein 3
    k.A. 9

33. Heimunterbringung

    ja 1
    nein 2
    k.A. 9

    33a. Alter 1. Heimunterbringung

    33b. Dauer der Heimunterbringung insgesamt [JJMM]

34. Anzahl der Lebensgruppenwechsel
(z.B. Familie -> Heim -> Pflegefamilie -> Heim -> Familie etc.)

Schulausbildung (Angaben ggf. laut Urteil)

35. Art der zuletzt besuchten Schule

    keine 0
    Sonderschule 1
    Grundschule 2
    Hauptschule 3
    Realschule 4
    Gymnasium 5
    Fachschule 6
    k.A. 9

36. Erreichter Abschluss

kein Abschluss	0
Hauptschulabschluss	1
Realschulabschluss	2
Hochschulreife/Fachhochschulreife	3
k.A.	9

36a. Wurde der Abschluss in der BRD erreicht

ja	1
nein	2
k.A.	9

36b. Dauer des Schulbesuchs [Anzahl der Schuljahre]

k.A.   99

36c. Bei Personen ohne Schulabschluss: letzte erreichte Klassenstufe:

k.A.   99

37. Ist Gefangener an schulischer Weiterbildung interessiert

ja	1
nein	2
k.A.	9

Berufsausbildung (Angaben ggf. laut Urteil)

38. Art der letzten Berufsausbildung

keine	0
Lehre	1
Meisterschule	2
Fachhochschule	3
Universität, PH	4
Berufsförderungsmaßnahme	5
k.A.	9
sonstiges	

....

39. Berufsfeld (vgl. Codeplan 2)

40. Abschluss

   nein   0
   Lehre   1
   Meisterschule   2
   Fachhochschule 3
   Universität, PH   4
   k.A.   9
   sonstiges
   ....

40a. Wurde der Abschluss in der BRD erreicht

   ja   1
   nein   2

   k.A.   9

41. Ist Gefangener an beruflicher Weiterbildung interessiert

   ja   1
   nein   2

   k.A.   9

Ausgeübter Beruf zum Zeitpunkt der Tat (Angaben ggf. laut Urteil)

42. Berufliche Stellung (siehe Codeplan 2)

   arbeitslos   77
   k.A.   99

42a. Hat sich an der Situation bis zur Inhaftierung etwas verändert

   ja   1
   nein   2
   k.A.   9

42b. Bleibt Arbeitsplatz während der Inhaftierung erhalten

   ja   1
   nein   2
   ungewiss   3
   k.A.   9

43. Zeiten der Arbeitslosigkeit vor der aktuellen Inhaftierung

Dauer in Monaten

keine weiteren	000
k.A.	999

44. Arbeitsverhalten

kein oder seltener Arbeitsstellenwechsel	1
häufiger Arbeitsstellenwechsel	2
trifft nicht zu, Gefangener war noch Schüler	3
trifft nicht zu, Gefangener war ständig arbeitslos	4
k.A.	9

44a. Berufliche Entwicklung:

positiv-aufsteigend	1
stagnierend	2
negativ-absteigend	3
k.A.	9

45. Höhe des letzten Einkommens brutto (Euro / monatl.)

kein Einkommen	0000
k.A.	9999

46. falls kein eigenes Einkommen, Gefangener lebte zum Zeitpunkt der Tat überwiegend von (Mehrfachnennungen möglich)

Unterstützung durch die Familie	1
Unterstützung durch Freunde	2
Arbeitslosengeld- / hilfe	3
Sozialhilfe	4
von Straftaten	5
k.A.	9

47. Ist Gefangener an einem Arbeitsplatz in der Justizvollzugsanstalt interessiert

ja	1
nein	2
k.A.	9

Wohnungssituation / Umfeld (Angaben ggf. laut Urteil)

48. Wohnung zum Zeitpunkt der Tat

eigene Wohnung (allein)	01
gemeins. Wohnung mit Ehepartner	02
gemeinsame Wohnung mit sonsti-	

gem Lebensgefährten/Freund/in	03
Zimmer in einer Wohngemeinschaft	04
Zimmer zur Untermiete	05
Unterkunft bei Eltern	06
Unterkunft bei Verwandten	07
Unterkunft bei Freunden	08
Pension	09
Wohnheim	10
Anstalt (psychiatr./therapeut.)	11
JVA	12
ohne festen Wohnsitz	13
k.A.	99

49. Freizeitaktivitäten vor der Haft
    (Mehrfachnennungen möglich)

keine	00
Individualsport (Laufen, Krafttraining etc.)	01
Kampfsport (Boxen, Karate etc.)	02
Mannschaftssport (Fußball etc.)	03
Lesen	04
Pflege sozialer Kontakte / Freunde	05
handwerkliche Tätigkeiten	06
kreative / künstlerische Tätigkeiten	07
Besuch Gaststätten / Diskotheken	08
Besuch kultureller Einrichtungen	09
Fernsehen / Video	10
Computerspiele	11
Kino	12
Reisen	13
k.A.	99
sonstiges	

....

50. Interesse des Gefangenen an Freizeitaktivitäten in Haft
    (Mehrfachnennungen möglich)

keines	00
Individualsport (Laufen, Krafttraining etc.)	01
Kampfsport (Boxen, Karate etc.)	02
Mannschaftssport (Fußball etc.)	03
Lesen	04
Pflege sozialer Kontakte / Freunde	05
handwerkliche Tätigkeiten	06
kreative / künstlerische Tätigkeiten	07
Fernsehen / Video	08
Computerspiele	09
Engagement für Mitgefangene (z.B. im Rahmen dortiger Anstaltszeitschrift)	10

k.A. 99
sonstiges
....

51. Sind Schulden vorhanden (bei Inhaftierung) ☐

    ja 1
    nein 2
    k.A. 9

  51a. falls ja, Höhe in Euro ca.: ☐☐☐☐☐

52. Besteht eine monatl. Ratenzahlungsverpflichtung ☐

    ja 1
    nein 2
    k.A. 9

  52a. falls ja, Höhe in Euro ca.: ☐☐☐☐☐

53. Eindruck, den der Gefangene bei Behandlungsuntersuchung / Aufnahme hinterließ: ☐

    kooperativ 1
    resigniert 2
    teilnahmslos / desinteressiert 3
    aggressiv 4
    k.A. 9
    sonstiges
    ....

4. Vorgänge im Vollzug (G-H-Bogen)

4.1. Schulische Maßnahmen

54. Datum der 1. Maßnahme [TTMMJJ] ☐☐ ☐☐ ☐☐

55. Art der Maßnahme ☐

    Alphabetisierungskurs o.ä. 1
    Deutsch für Ausländer / Spät-
    aussiedler (AF-Kurs) 2
    Sonderschulabschluss 3
    Hauptschule 4
    Realschule 5
    Abitur 6
    Fernuniversität 7
    sonstige
    ....

  55a. Dauer der Maßnahme (Teilnahme Monate) ☐☐

56. Abschluss ☐

        ja   1
        nein   2

56a. wenn nein, Gründe: ☐

        Prüfung nicht bestanden   1
        Entlassung   2
        Abbruch durch Gefangenen   3
        sonstige
        ....

57. Weitere Maßnahmen ☐

        ja   1
        nein   2

57a. wenn ja, Art des höchsten erreichten Abschlusses ☐
        (Code siehe Frage 55)

4.2. Berufliche Ausbildungsmaßnahmen

58. Datum der 1. Maßnahme [TTMMJJ] ☐☐ ☐☐ ☐☐

58a. Art der Maßnahme ☐

        Kurzlehrgang (Kurs)   1
        Lehre   2
        BFW-Lehrgang   3
        sonstige
        ....

58b. Berufsfeld (siehe Codeplan 2) ☐☐

59. Dauer der Maßnahme (Teilnahme Monate) ☐☐

60. Abschluss ☐

        ja   1
        nein   2
        Teilnahmebescheinigung   3

60a. wenn nein, Gründe: ☐

        Prüfung nicht bestanden   1
        Entlassung   2
        Abbruch durch Gefangenen   3
        sonstige
        ....

61. Weitere Maßnahmen ☐

ja 1
nein 2

61a. wenn ja: Art des höchsten erreichten Abschlusses □□
    (Code siehe Frage 58b.)

4.3. Arbeit

62a. Arbeitszuweisung □

   ja 1
   nein 2

62b. Datum der ersten Arbeitszuweisung [TT MM JJ]   □□ □□ □□

62c. Anzahl von verschiedenen Arbeitsbetrieben   □□

62d. Dauer von Arbeitslosigkeit (Monate)   □□

62e. Gründe von Arbeitslosigkeit (Mehrfachnennungen)   □

   Zugang 1
   Arbeitsverweigerung 2
   Krankheit 3   □
   Drogenabhängigkeit 4
   Sprachdefizite 5   □
   keine Arbeit vorhanden 6
   Teilnahme an Schulmaßnahme 7
   sonstiges, unverschuldet 8

63. Freigang (freies Beschäftigungsverhältnis)

   63a. Zulassung   □

      ja 1
      ja, mehrmals 2
      nein 3

   63b. Datum erstmaliger Zulassung [TT MM JJ]   □□ □□ □□

   63c. Beendigung des Freigangs   □

      ja 1
      ja, mehrmals 2
      nein 3

   63d. Gründe (Mehrfachnennungen)   □

      Nichtrückkehr vom Freigang 1
      Nichtrückkehr vom Urlaub,   □

Ausgang	2
Alkohol	3
Straftat	4
Arbeitsstelle verloren, verschuldet	5
Arbeitsstelle verloren, unverschuldet	6

4.4. Soziale Kontakte

64. Besuche

    64a. Private Besuche

    64b. Freiwillige / Ehrenamtliche Besuche

    64c. Offizielle Besuche (RA, Bew.-Helfer)

    64d. Anzahl insgesamt

65. Änderungen der Familiensituation während des Vollzugs (Mehrfachnennungen)

Abbruch der Kontakte zum Gefangenen seitens der Familie	01
Abbruch des Kontaktes zur Familie seitens des Gefangenen	02
Lösung einer Ehe (bzw. Trennung von der festen Freundin oder Verlobten)	03
Wiederaufnahme der Familienbeziehung durch den Gefangenen	04
Wiederaufnahme des Kontaktes seitens der Familie	05
Tod eines nahen Angehörigen oder einer nahestehenden Person (Ehefrau, Elternteil, Geschwister, Kind, Freund/in)	06
Aufbau einer festen Beziehung/ Verlobung, Eheschließung	07
Vater / Mutter geworden	08
Abbruch des Kontaktes z. Besucher	09
sonstiges	20

          k.A.   99

4.5. Freizeit

66. Welche Freizeitaktivitäten betreibt der Gefangene während der Inhaftierung (Mehrfachnennungen)

keine	00
Individualsport (Laufen, Krafttraining etc.)	01
Kampfsport (Boxen, Karate etc.)	02
Mannschaftssport (Fußball etc.)	03
Lesen	04
Pflege sozialer Kontakte / Freunde	05
handwerkliche Tätigkeiten	06
kreative / künstlerische Tätigkeiten	07
Fernsehen / Video	08
Computerspiele	09
Engagement für Mitgefangene (z.B. im Rahmen dortiger Anstaltszeitschrift)	10
k.A.	99
sonstiges	

4.6. Urlaub

67. Urlaub

ja (siehe Tabelle)	1
nein	2

Nr.	Beginn [TT MM JJ]	Dauer [Std.]	Art 1.)	Rückkehr 2.)	Alk. / Drog. 3.)	Dauer der Abwesenheit Std. / Tage	Straftat 3.)	ggf. Delikt 4.)
67a. Urlaub 1								
67b. Urlaub 2								
67c. Urlaub 3								
67d. Urlaub 4								
67e. Urlaub 5								
67f. Urlaub 6								
67g. Urlaub 7								
67h. Urlaub 8								
67i. Urlaub 9								
67j. Urlaub 10								
67k. Urlaub 11								
67l. Urlaub 12								
67m. Urlaub 13								
67n. Urlaub 14								

67o. Urlaub 15																

1.) Art des Urlaubs

Jahres-/Regelurlaub (§ 13 StVollzG) 1
Sonderurlaub (§ 35 StVollzG) 2
Entlassungsurlaub (§ 15 StVollzG) 3

2.) Rückkehr

pünktlich 1
nicht pünktlich Selbststeller 2
nicht pünktlich Festnahme 3

3.) Alkoholisiert / Drogen / Straftat

ja 1
nein 2

4.) Delikt

Schlüssel siehe Codeplan 1

Falls mehr als 15 Urlaube
(ohne besondere Vorkommnisse)

Zahl der weiteren Urlaube

Regelurlaube ☐

Sonderurlaube ☐

Entlassungsurlaube ☐

Tage insgesamt ☐☐

4.7. Ausgang

68. Ausgang

ja (siehe Tabelle) 1
nein 2   ☐

Nr.	Beginn [TT MM JJ]	Dauer [Stunden]	Art 1.)	Rück -kehr 2.)	Alk./ Drog. 3.)	Dauer der Abwesenheit Stunden / Tage	Straftat 3.)	ggf. Delikt 4.)
68a. Ausgang 1								
68b. Ausgang 2								
68c. Ausgang 3								
68d. Ausgang 4								
68e. Ausgang 5								
68f. Ausgang 6								
68g. Ausgang 7								
68h. Ausgang 8								
68i. Ausgang 9								
68j. Ausgang 10								
68k. Ausgang 11								
68l. Ausgang 12								
68m. Ausgang 13								
68n. Ausgang 14								
68o. Ausgang 15								

1.) Art des Ausgangs		**2.) Rückkehr**	
Gruppenausgang	1	pünktlich	1
Einzelausgang	2	nicht pünktlich Selbststeller	2
Besuchsausgang	3	nicht pünktlich Festnahme	3
Dauerausgang	4		
Ausführung	5		
Begleitausgang mit Bedienstetem	6		

3.) Alkoholisiert / Drogen / Straftat		**4.) Delikt**	
ja	1	Schlüssel siehe Code 1	
nein	2		

Falls mehr als 15 Ausgange
(ohne besondere Vorkommnisse)

Zahl der weiteren Ausgänge (Anzahl)

1 Gruppenausgang ☐☐

2 Einzelausgang ☐☐

3 Besuchsausgang ☐☐

4 Dauerausgang ☐☐

5 Ausführung ☐☐

6 Begleitausgang mit Bedienstetem ☐☐

4.8. Disziplinarverfahren

69. Meldung(en) wg. Pflicht- oder Disziplinarverstoß (und Maßnahmen nach VVJuG) ☐

      ja (siehe Tabelle)   1
      nein   2

70. Wenn wg. Disziplinarverstoß Strafverfahren eingeleitet (Anzeige)

    70a. Verfahrenserledigung   ☐

        Einstellung StA   1
        Einstellung Gericht   2
        Verurteilung   3
        Freispruch   4
        Verfahren noch nicht abgeschlossen   5
        k.A.   9

    70b. bei Verfahrenseinstellung

        ☐

Absehen von Verfolgung wg. Geringfügigkeit, § 153 StPO	1
Einstellung d. Verfahrens bei Erfüllung von Auflagen und Weisungen, § 153a StPO	2
Unwesentliche Nebenstraftaten, § 154 StPO	3
Beschränkung d. Strafverfolgung, § 154a StPO	4
Absehen von Verfolgung, § 45 JGG	5
Einstellung d. Verfahrens durch Richter, § 47 JGG	6

70c. wenn Verurteilung: Art der Strafe

Freiheitsstrafe ohne Bewährung	1
Freiheitsstrafe mit Bewährung	2
Jugendstrafe ohne Bewährung	3
Jugendstrafe mit Bewährung	4
Geldstrafe	5
k.A..	9
sonstiges	

70d. Strafmaß: bei Freiheits- / Jugendstrafe [JJ MM]
bei Geldstrafe [Zahl der Tagessätze]

Nr.	Datum [TT MM JJ]	Art des Ver- stoßes 1.)	Disziplinar- maßnahmen 2.)	Dauer [Tage]	Strafan- zeige 3.)
69a. Disziplinarverfahren 1					
69b. Disziplinarverfahren 2					
69c. Disziplinarverfahren 3					
69d. Disziplinarverfahren 4					
69e. Disziplinarverfahren 5					
69f. Disziplinarverfahren 6					
69g. Disziplinarverfahren 7					
69h. Disziplinarverfahren 8					
69i. Disziplinarverfahren 9					
69k. Disziplinarverfahren 10					

1.) Art des Verstoßes

Arbeitsverweigerung	1
Besitz nicht erlaubter Gegenstände	2
Einbringen nicht erlaubter Gegenstände (Schmuggel)	3
Unerlaubte Geldgeschäfte	4

2.) Disziplinarmaßnahmen

Arrest ohne Bewährung	1
Arrest mit Bewährung	2
Einkaufsperre	3
Beschränkung der Teilnahme an gemeinschaftl. Veranstaltungen	4

Tätlichkeit gegen Beamte	5	Beschränkung des Lesestoffs oder Radio- und Fernsehempfangs	5
Beleidigung von Beamten	6	Entzug der Arbeit	6
Tätlichkeit gegen Mitgefangene	7	getrennte Unterbringung während der Freizeit	7
Besitz, Handel mit Drogen	8	Beschränkung des Verkehrs mit Personen außerhalb der Anstalt	8
Besitz, Handel mit Alkohol	9	Verweis	9
Nichtrückkehr aus Urlaub, Ausg., Freig.	10	sonstiges	
Verspätete Rückkehr aus Urlaub, Ausg., Freig.	11		
Vorgenannter Verstoß wurde mit mind. einem anderen gemeinschaftl. begangen	12		
sonstiges			

3.) Strafanzeige

ja 1
nein 2

Mehr als 10 Disziplinarverfahren

ja ☐

nein ☐

ggf. Anzahl weiterer Disziplinarverfahren ☐☐

71. Gefangene hat Gegenanzeige erstattet

    71a. gegen Bediensteten ☐

        ja 1
        nein 2
        k.A. 9

    71b. gegen Mitgefangenen ☐

        ja 1
        nein 2
        k.A. 9

4.9. Sicherungsmaßnahmen

72. Sicherungsmaßnahmen

    72a. Unterbringung in einem besonders gesicherten Haftraum   ☐ mal

    72b. Beobachtung bei Nacht   ☐ mal

    72c. Absonderung / Einzelhaft   ☐ mal

72d. Entzug oder die Beschränkung des Aufenthalts im Freien ☐ mal

72e. Fesselung ☐ mal

72f. Entzug von Gegenständen ☐ mal

5. Verlegungen – Organisatorische Maßnahmen
(ohne kurzfristige Überstellungen wegen Gerichtstermin)

73. Verlegung
  ja   1
  nein   2   ☐

73a. wenn ja, Datum [TTMMJJ]   ☐☐ ☐☐ ☐☐

73b. Grund   ☐

  Zuständigkeit im Rahmen des
  Vollstreckungsplans / -ordnung   1
  Behandlungsmaßnahme   2
  Entlassungsvorbereitung   3
  (Rück)verlegung, disziplinarisch   4
  (Rück)verlegung, anstaltsorgani-
  satorisch   5
  Abweichung vom / Änderung
  des Vollstreckungsplans   6
  Trennungs- / Sicherheitsgründe   7
  sonstiges
  ....

74. Weitere Verlegungen   ☐

  ja   1
  nein   2

  ggf. Anzahl   ☐☐

75. Vollzugsplan   ☐

  Vollzugsplan erstellt   1
  kein Vollzugsplan notwendig   2
  kein Vollzugsplan erstellt,
  obwohl erforderlich   3
  nicht vollständig erstellt   4

75a. Datum Vollzugsplan [TTMMJJ]   ☐☐ ☐☐ ☐☐

75b. Falls Vollzugsplan   ☐

  regelmäßig fortgeschrieben   1
  nicht fortgeschrieben   2
  unregelmäßig fortgeschrieben   3

75c. Falls Änderungen des Vollzugsplans, Gründe (Mehrfachnennungen):

    nachträgliche Bildung einer
    Gesamtstrafe   1
    Anschlussvollstreckung   2
    Einstellung der Vollstreckung   3
    Urlaubsmissbrauch   4
    Ausgangsmissbrauch   5
    Änderung auf Antrag des
    Gefangenen   6
    Verlegung in den offenen Vollzug   7
    Rückverlegung   8
    positive Veränderungen
    (Einstellung des Gefangenen)   9
    sonstiges
    ....

6. Entlassungsvorbereitung i.e.S.

76. Soweit Zeitpunkt des Ablaufs von 2/3 der Strafzeit bevorsteht:

76a. Wurde Zwei-Drittel-Entlassung von Anstalt befürwortet

    ja   1
    nein   2
    k.A.   9

76b. Datum des Votums [TTMMJJ]

76c. falls nein, Gründe:
    (Mehrfachnennungen)

    Arbeitsverweigerung   1
    Urlaubsmissbrauch   2
    Ausgangsmissbrauch   3
    Abbruch Maßnahmen zur
    Entlassungsvorbereitung   4
    Gewalttätigkeit gegen
    Mitgefangene   5
    Gewalttätigkeit gegen Bedienstete   6
    Drogenmissbrauch   7
    k.A.   9
    sonstiges
    ....

76d. Hat Strafvollstreckungskammer Zwei-Drittel-Entlassung befürwortet

    ja   1
    nein   2
    k.A.   9

77. Soweit Zeitpunkt der Entlassung bevorsteht (frühestens 6 Monate vor Zwei-Drittel-Entlassung oder Vollverbüßung):

    77a. Entlassungsvorbereitungen i.e.S. (unter 6. genannte): ☐

        keine   0
        ja, 6 Monate vor Entlassung   1
        ja, 3 Monate vor Entlassung   2
        ja, eine Woche vor Entlassung   3

Wenn ja, Art der Maßnahme – sonst bei Bevorstehen der Entlassung weiter bei 84.

78. Wohnungssuche (unterstützt durch Anstalt) ☐

        ja   1
        nein   2
        nein, Wohnung vorhanden   3
        k.A.   9

79. Arbeitssuche (unterstützt durch Anstalt) ☐

        ja   1
        nein   2
        nein, Arbeit vorhanden   3
        k.A.   9

80. Vermittlung an Einrichtung der Strafentlassenenhilfe, Bewährungshilfe o.ä. (ggf. mit Wohnmöglichkeit) ☐

        ja   1
        nein   2
        k.A.   9

81. Besondere Hilfs- und Behandlungsmaßnahmen/ Maßnahmen zur Entlassungsvorbereitung ☐

        ja   1
        nein   2
        k.A.   9

    81a. wenn ja, welche:

        Anti-Aggressions-Training   1   ☐
        Therapie (psych.)   2
        sonstige   3
        ....

    81b. Datum der Maßnahme [TTMMJJ]   ☐☐ ☐☐ ☐☐

    81c. Dauer der Maßnahme [Teilname Monate]   ☐☐

    81d. Abschluss: ☐

Abbruch durch Gefangenen	1
Abbruch durch Betreuenden	2
Beendigung	3
k.A.	9

82. Sonstige Hilfen durch die Anstalt ☐

    82a. Überbrückungshilfe

ja	1
nein	2

    82b. Fahrkarte ☐

ja	1
nein	2

    82c. Kleidung ☐

ja	1
nein	2

83. Hinweise auf Schuldenregulierung ☐

ja	1
nein	2

    83a. wenn ja: ☐

versucht, aber noch nicht erreicht	1
teilweise erreicht	2
Schuldenregulierung erreicht	3

84. Schulden bei der Entlassung ☐

ja	1
nein	2
k.A.	9

    84a. Höhe der Schulden (Euro): ☐☐☐☐☐

    84b. Wenn nicht feststellbar, ca.: ☐☐☐☐☐

85. Entlassungsentgelt (Summe in Euro): ☐☐☐☐☐

86. Angabe einer Entlassungsanschrift (siehe auch A-Bogen) ☐

Anschrift der eigenen Wohnung	1
Anschrift nächster Angehöriger	2
Anschrift Bewährungshilfeheim o.ä.	3
Anschrift Pension, Hotel	4
Anschrift unklar	5

nein   6

7. Auswertung der Strafregisterauszüge

Nr.	Zeitpunkt der Sanktion/Maßnahme (ggfs. Datum des Gesamtstrafbeschlus-ses) [TTMMJJ]	Schwer-stes Delikt [Code 1]	Weiteres Delikt [Code 1]	Anzahl der tat-mehrh. Beg. Delikte	Art der Strafe [Code 3]	Höhe der Freiheits-/ Jugendstrafe [JJMM]	Höhe der Geldstrafe [Anzahl der Tagessätze]	MR 1.)	MR/ NS 2.)	BH 3.)
87/1 Eintrag / Strafe										
87/2 Eintrag/ Strafe										
87/3 Eintrag / Strafe										
87/4 Eintrag / Strafe										
87/5 Eintrag / Strafe										
87/6 Eintrag / Strafe										
87/7 Eintrag / Strafe										
87/8 Eintrag / Strafe										
87/9 Eintrag / Strafe										
87/10 Eintrag/Strafe										
87/11 Eintrag/Strafe										
87/12 Eintrag/Strafe										
87/13 Eintrag/Strafe										
87/14 Eintrag/Strafe										
87/15 Eintrag/Strafe										
87/16 Eintrag/Strafe										
87/17 Eintrag/Strafe										
87/18 Eintrag/Strafe										
87/19 Eintrag/Strafe										
87/20 Eintrag/Strafe										
87/21 Eintrag/Strafe										

Erläuterung

1.) Maßregeln der Besserung und Sicherung		2.) Weitere Maßregeln/Nebenstrafen	
Psychiatrisches Krankenhaus	1	Sperre der Fahrerlaubnis	1
Entziehungsanstalt	2	Entzug der Fahrerlaubnis	2
Sicherungsverwahrung	3	Fahrverbot	3
Führungsaufsicht	4		

3.) Bestellung eines Bewährungshelfers bei Erwachsenem

ja	1
nein	2

88. Weitere Strafen

ja	1
nein	2

    88a. Zahl weiterer Strafen

    88b. davon Freiheitsstrafen

    88c. Dauer der wegen weiterer FS verbüßten Strafzeiten [JJMM]

8. Urteilsauswertung

89. Art des Delikts (Codeplan 1)

1.

2.

3.

    89a. Beteiligungsform zu 1:

Alleintäterschaft, § 25 Abs.1 1. Alt. StGB	1
Mittelbare Täterschaft, § 25 Abs. 1 2. Alt. StGB	2
Mittäterschaft, § 25 Abs. 2 StGB	3
Anstiftung, §26 StGB	4
Beihilfe, § 27 StGB	5

    89b. Beteiligungsform zu 2 (Codierung s. 89a.):

    89c. Beteiligungsform zu 3 (Codierung s. 89a.):

90. Anzahl der Einzeldelikte

91. Wenn Tat(en) mit anderen (mind. 1) begangen wurde(n)

    Gruppe hat keinen identischen

kulturellen Hintergrund 1

Gruppe hat identischen
kulturellen Hintergrund, nicht
organisiert 2

Gruppe hat identischen
kulturellen Hintergrund, zur
Begehung von Straftaten organisiert 3

k.A. 9

92. Schadenshöhe (insgesamt in Euro)

92a. Bei Eigentums-/Vermögensdelikten: wenn kein Schaden: Grund

Tat war nur versucht 1
Gegenstände wurden Opfer alsbald/
sofort zurückgegeben (von Polizei) 2
sonstiges..

93. Waffengebrauch (nicht nur Schusswaffe)

93a. Waffe mitgeführt

ja 1
nein 2

93b. Waffe eingesetzt

ja 1
ja, nur gedroht 2
nein 3

93c. Art der Waffe

Schusswaffe 1
Schreckschusspistole 2
Stichwaffe, Messer u.ä. 3
Gift 4
Halstuch/Schal/Gürtel
(Erdrosselung) 5
sonstige Waffe..
k.A. 9

94. Anzahl der Geschädigten

95. Zahl der körperlich verletzten Opfer
96. Verletzungsgrad der Opfer
(Mehrfachnennungen)

keine (weiteren) Verletzungen 0

leichte Verletzungen (bis 1 Woche
Krankenhausbehandlung) 1

erhebliche Verletzungen (längere
stationäre Behandlung) 2

schwere Verletzungen (längere
stationäre Behandlung mit bleibenden
Verletzungen) 3

Tod 4

96a. Besondere Beziehung zum Opfer

ja, enge Beziehung 1
ja, flüchtige Bekanntschaft 2
nein 3

97. Täter stand zum Zeitpunkt der Tat unter Einfluss von Drogen

nein, keinerlei Einfluss von Drogen
oder Alkohol 0
Alkohol 1
Medikamente 2
Drogen 3
Mischung 4

98. Anwaltliche Vertretung im Prozess

nein 0
ja, Pflichtverteidiger 1
ja, Wahlverteidiger 2
ja, mehrere Wahlverteidiger 3

99. Art der Strafe des ausgewerteten Urteils

unbedingte Freiheitsstrafe (FS) 1
widerrufene FS zur Bewährung 2
widerrufene Reststrafe von FS 3
Geldstrafe/Ersatzfreiheitsstrafe 4
Jugendstrafe (JS) 5
widerrufene JS zur Bewährung 6
widerrufene Reststrafe von JS 7
Strafarrest 8
sonstiges ....

99a. Bei Freiheitsstrafe / Jugendstrafe: Strafhöhe [JJ MM]

99b. Bei Ersatzfreiheitsstrafe: Anzahl der Tage

99c. Sicherungsverwahrung

ja	1
nein	2

99d. Andere Maßregeln ☐

keine	1
Psychiatrisches Krankenhaus	2
Entziehungsanstalt	3

100. Bei Bewährungswiderruf, Grund: ☐

Straftat in der Bewährungszeit	1
Verstoß gegen Weisungen	2
Bewährungsauflagen nicht nachgekommen	3
Straftat + Auflagen +Weisungsverstoß	4
Gesamtstrafenbildung	5

101. Schuldfähigkeit ☐

voll schuldfähig	0
vermindert schuldfähig	1
schuldunfähig	2

102. Ausdrückliche Zuschreibungen zu Tat und Tätertyp ☐

keine (weiteren)	0
Affekthandlung	1
einmalige Entgleisung	2
Rückfalltäter	3
Hangtäter	4
Triebtäter	5

103. Tat lag im familiären Bereich ☐

ja	1
nein	2

Anhang 3

Forschungsfragen des Interviews

1. Wie gestalten sich die Integrationsbemühungen und welche Integrationshemmnisse werden von jungen Aussiedlern gesehen?
2. Welche Bedeutung haben kulturell geprägte Verhaltensmuster für die Aussiedlerkriminalität?
3. Welche Bedeutung hat die Familie als Erziehungsinstanz vor und nach der Einwanderung?
4. Welche Erziehungstechniken verwenden die Eltern jugendlicher Aussiedler?
5. Welche Erziehungsproblem treten auf?
6. Welche Erfahrungen mir innerfamiliärer Gewalt liegen vor?
7. Wie entwickeln und strukturieren sich Peergruppen jugendlicher Aussiedler?
8. Wie gehen jugendliche Aussiedler im Herkunfts- und Aufnahmeland mit Autoritäten um?
9. Welche beruflichen und privaten Perspektiven entwickeln junge Aussiedler und was unternehmen sie, um diese zu verwirklichen?
10. Wie reagieren junge Aussiedler auf die Sanktionen des deutschen Justizsystems?
11. Welchen Einfluss haben eventuelle Vorerfahrungen mit dem Justizsystem des Herkunftslandes auf die Wahrnehmung des deutschen Justizsystems?
12. Welche Konsumerfahrungen und -gewohnheiten bei Alkohol und Drogen liegen vor (im Herkunftsland und in Deutschland)?
13. Welche Bedeutung hat die landsmannschaftliche Gruppe, allgemein?
14. Welche Bedeutung hat die landsmannschaftliche Gruppe, bei der Begehung von Delikten?
15. Wie hoch ist die Anzeigebereitschaft?
16. Welche Straferwartungen vor ersten Kontakten mit der deutschen Justiz lagen vor?

Im Strafvollzug

17. Wie ist die Beteiligung an Wiedereingliederungsmaßnahmen?
- Teilnahme an Ausbildungsgängen
- Teilname an Therapiemaßnahmen
18. Haftverlauf und Lockerungen
- Gewähr von Vollzugslockerungen
- Strafrestaussetzung zur Bewährung
- Verhängung von Untersuchungshaft vor Strafhaftantritt

Interviewleitfaden

Nochmals auf Vertraulichkeit und strenge Anonymität hinweisen. Betonen, dass keine Nennung von Namen, Orten oder konkreten Datumsangaben erforderlich ist.

I. Fragen zur Person
1. Alter: Jahre
2. Familienstand   ~ ledig ~ verheiratet ~ geschieden
3. Partnerschaft   ~ keine   ~ lose Partnerschaft   ~ feste Partnerschaft
4. Geburtsort: (nur grobe Angabe über die Region, das Land)
5. Ungefähre Größe des Herkunftsorts:
6. Struktur des Herkunftsortes: Großstadt/Großraum ~ Kleinstadt ~ Ländlich/Dörflich ~
7. Wurde die Familie bereits im Herkunftsland umgesiedelt?
             ~ nein ~ ja, wann ....?
8. Auswanderung im Jahr   , im Alter von   Jahren.
9. Auswanderung zusammen mit: Vater   ~
                                 Mutter   ~
                                 Geschwister/n ~   Anzahl ...
                                 Großeltern   ~   Anzahl ...
                                 sonstige Verwandte ~   Anzahl ...
                                 Ehefrau   ~
                                 Kindern   ~   Anzahl ...

II. Wohnverhältnisse
1. Unterbringung/ Wohnverhältnisse nach Auswanderung
    Übergangsheim
    Umzüge
    Wohnortwechsel
2. Derzeitiger Wohnort der Familie:
    ~ Großstadt   ~ Kleinstadt   ~ Ländl. Gebiet
3. Wohnverhältnisse vor der Haft
    G allein
        zusammen mit:
    G Mutter   G Vater
    G Stiefmutter   G Stiefvater
    G Freund der Mutter G Freundin des Vaters
    G Geschwistern _ _

        G Großeltern _
        G Freundin/Partnerin   G Ehefrau
        ~ Kindern _ _
        G Wohngemeinschaft mit _ _ Personen
        ~ sonstigen Personen ....

4. Art der Wohnung?
    Größe
    Umfeld
    ~ Heim   ~ Mietwhg.   ~ Eigentumswohnung/eigenes Haus
    sonstiges ....

III. Schule/Beruf

1. eigene Schulbildung
        Bezeichnung: ....
        Dauer/Abgangsklasse: ....
        Besuch
        im Herkunftsland   in Deutschland
        ~   Sonderschule   ~
        G   Hauptschule   ~   Abschluss: G ja G nein
        G   Realschule   ~
        G   Mittelschule   ~   wird aktuell Abschluss angestrebt:
        G   Gymnasium   ~   G ja   G nein
        G   ....   ~

2. Schulwechsel (außer dem üblichen Wechsel Primar- Sekundarstufe)
                                                                 im Herkunftsl.   in Deutschl.
        G nein G ja, _ _ mal, 1. in der _ . Klasse   ~   ~
                                      2. in der _ . Klasse   ~   ~
                                      3. in der _ . Klasse   ~   ~

3. Klassenwiederholung (freiwillig oder sitzen geblieben)?
        G nein G ja, _ mal;   ~ im Herkunftsl. ~ in Deutschl.

4. Rückstufung nach Auswanderung
        G nein G ja, um _ Klassenstufe(n)

5. Letzte Schulnoten Im Herkunftsland
        Muttersprache   _   Fremdsprache   _
        Mathematik   _   Naturwissenschaft   _

6. Berufsausbildung
Im Herkunftsland:
 Bezeichnung: ....
  G kaufmännische Lehre
  G handwerkliche Lehre
  G Verwaltungslehre Ausbildung abgeschlossen G ja G nein
  G Dienstleistung
  G ....
Vor der Haft in Deutschland:
 Bezeichnung: ....
  G kaufmännische Lehre
  G handwerkliche Lehre z.Zt. in Ausbildung G ja G nein
  G Verwaltungslehre Ausbildung abgeschlossen G ja G nein
  G Dienstleistung
  G ....
In der Haft:
 Bezeichnung: ....
  G kaufmännische Lehre
  G handwerkliche Lehre z.Zt. in Ausbildung G ja G nein
  ~ .... Ausbildung abgeschlossen G ja G nein
7. Letzte Berufstätigkeit vor Haft
  ....
 seit wann?
8. Frühere Berufstätigkeiten
  ....
  ....
 wie lange?
 Grund für Wechsel/Abbruch ....
9. Arbeitslosigkeit: wie oft? wie lange?
10. Zahl der bisherigen Stellen/Tätigkeiten
11. Einkunftsquellen vor der Haft?
  ~ Berufstätigkeit
  ~ Arbeitslosengeld/-hilfe
  ~ Sozialhilfe
  ~ Unterstützung durch Eltern/Verwandte
  ~ ....

IV. Familie
1. Geschwisterzahl:
2. Geschwisterposition?
3. Alter der Mutter bei Geburt: _ _ Jahre
4. Alter des Vaters bei Geburt: _ _ Jahre
5. Versorgung in den ersten 18 Lebensjahren durch:

Person   Alter

Jahre   0 - 1 - 2 - 3 - 4 - 5 - 6 - 7 - 8 - 9 - 10 - 11 - 12 - 13 - 14 - 15 - 16 - 17 -18

18 Jahre   0 - 1 - 2 - 3 - 4 - 5 - 6 - 7 - 8 - 9 - 10 - 11 - 12 - 13 - 14 - 15 - 16 - 17 -

18 Jahre   0 - 1 - 2 - 3 - 4 - 5 - 6 - 7 - 8 - 9 - 10 - 11 - 12 - 13 - 14 - 15 - 16 - 17 -

18 Jahre   0 - 1 - 2 - 3 - 4 - 5 - 6 - 7 - 8 - 9 - 10 - 11 - 12 - 13 - 14 - 15 - 16 - 17 -

18 Jahre   0 - 1 - 2 - 3 - 4 - 5 - 6 - 7 - 8 - 9 - 10 - 11 - 12 - 13 - 14 - 15 - 16 - 17 -

18 Jahre   0 - 1 - 2 - 3 - 4 - 5 - 6 - 7 - 8 - 9 - 10 - 11 - 12 - 13 - 14 - 15 - 16 - 17 -

Besonderheiten:
....
.
6. Unterbringung in Kinderhort oder Kindergarten
     nein   ~

　　　　ja　　～, ab welchem Alter?
　　　　Besonderheiten der Erziehung dort?
7. Beruf des Vaters
8. Berufsausbildung des Vaters:
　　　　G keine Berufsausbildung　　　　G ein Studium abgeschlossen
　　　　G eine Lehre abgeschlossen　　　　G etwas anderes,
　　　　G eine andere Ausbildung als　　　　..........................
　　　　eine Lehre (z.B. Handelsschule)　　G unbekannt
9. Beruf der Mutter
10. Berufsausbildung der Mutter:
　　　　G keine Berufsausbildung　　　　G ein Studium abgeschlossen
　　　　G eine Lehre abgeschlossen　　　　G etwas anderes,
　　　　G eine andere Ausbildung als　　　　..........................
　　　　eine Lehre (z.B. Handelsschule)　　G unbekannt
11. Scheidung der Eltern
　　　　G nein G ja, im Alter von _ _ Jahren
　　　　Wenn ja:
　　Haben die Eltern wieder geheiratet oder einen neuen Partner gefunden?
　　　　　　G nein G ja, mein Vater　　G ja, meine Mutter
12. Tod eines Elternteils
　　　　　G nein G ja, Vater　G ja, Mutter
　　　　　　　　wann? .... wann? ....
13. Tode eines anderen Familienmitglieds der Kernfamilie (Großeltern Geschwister)
　　　　Wer?
　　　　Wann?
14. Arbeitslosigkeit der Eltern
　　　　　G nein G ja, Vater _ _ mal　　　G ja, Mutter _ _ mal

15. Erziehungsstil der Eltern
    Wer ist/war für die Erziehung zuständig (legt die Regel für die Kinder fest etc.)?
    Wie reagier(t)en Eltern/Erziehungsberechtigten bei Fehlverhalten (Verstoß gegen Regeln)?
    Welche Konflikte treten/traten auf?
    Wie werden/wurden sie gelöst?
    Monitoring/Beaufsichtigung (durch wen, wie lange, in welcher Form?)
14. Verhältnis zu den Eltern (warm, herzlich - kühl, distanziert)
    Wie war es früher?
    Wie ist es heute?
15. eigene Gewalterfahrung in der Familie
    Körperliche Strafen/Schläge (evtl. mit Gegenständen)
    Form
    Häufigkeit
    Einsperren/Hausarrest etc.
    Psychische Formen (Ausgrenzung, Missachtung etc.)
16. Erlebte Gewalt bei anderen Familienangehörigen
    Körperliche Strafen/Schläge (evtl. mit Gegenständen)
    Form
    Häufigkeit
    Einsperren/Hausarrest etc.
    Psychische Formen (Ausgrenzung, Missachtung etc.)

V. Verlauf der Übersiedlung
1. Wann wurde der Entschluss gefasst?
2. Ausreisegründe
3. Ablauf des Antragsverfahren
4. Zeitdauer zwischen Entschluss und Ausreise
5. Vorbereitung der Ausreise
6. Bestanden bereits im Herkunftsland Kontakte nach Deutschland?
7. Konnte dies Kontakte hier genutzt werden?
8. Positivstes Erleben im Zusammenhang mit der Übersiedlung
9. Negativstes Erleben im Zusammenhang mit der Übersiedlung
10. Was wird am meisten vermisst?
11. Welche Unterstützungsleistungen wurden erhalten (Sozialhilfe, Eingliederungshilfen etc.)?
12. Wie wurden diese Unterstützungsleistungen erlebt?
13. Was wurde an Unterstützung vermisst?
14. Wie werden die Integrationsangebote und -hilfen bewertet?

VI. Freizeitverhalten

1. Freizeitbeschäftigung im Herkunftsland
    Freundeskreis (Größe, Struktur)
    Aktivitäten mit den Freunden
    sonstige Freizeitaktivitäten
    Einbindung in organisierte Aktivitäten (Vereine, Clubs)
2. Alkohol-/Drogenkonsum im Herkunftsland
    Was wird konsumiert?
    Tägliche Trinkmenge?
    Trinksituationen?
    Andere Drogen (evtl. bei anderen)?
3. Freizeitbeschäftigung in Deutschland
    Freundeskreis (Größe, Struktur)
    Aktivitäten mit den Freunden
    sonstige Freizeitaktivitäten
    Einbindung in organisierte Aktivitäten (Vereine, Clubs)
4. Partnerschaft vor der Haft
    Herkunft der Partnerin
    Dauer der Beziehung
    Zusammenleben

5. Alkohol-/Drogenkonsum in Deutschland
    Was wird konsumiert?
    Tägliche Trinkmenge?
    Trinksituationen?
    Andere Drogen (evtl. bei anderen)?
6. Polizeikontakte im Herkunftsland
    ~ nein ~ ja, Grund ....
    Erfahrungen mit der Polizei im Herkunftsland
    direkt
    mittelbar (durch Freunde etc.)
    Einschätzung der Polizei im Herkunftsland (Bestechlichkeit etc.)
    Erfahrungen mit dem Justizsystem
    direkt
    mittelbar (durch Freunde etc.)

VII. Problemlagen

Vor Haftbeginn:
1. Finanzielle Situation vor der Haft

Schulden?
Verfügbares Einkommen
Einkunftsarten?
2. Probleme
    in der Beziehung
    am Ausbildungs-/Arbeitsplatz
    im Freundeskreis
3. Zukunftsperspektiven
    Schulisch/beruflich
    Privat/familiär
    seit Haftbeginn:
4. aktuelle Zukunftsperspektiven
    Schulisch/beruflich
    Privat/familiär

VIII. Deliktstruktur
1. Wann und wo wurde das erste Delikt begangen?
    Art
    evtl erfahrene Reaktionen

2. erster Polizeikontakt in Deutschland
    Erfahrungen mit der deutschen Polizei
3. Erlebte Unterschiede der Polizei im Herkunftsland vs. in Deutschland
4. Vorverfahren im Herkunftsland   ~ ja   ~ nein
    Delikt
    Tatumstände
    Erfahrungen mit den Gerichten/dem Justizsystem im Herkunftsland
    Straferwartungen
    erfahrene Sanktionen
5. Vorverfahren in Deutschland   ~ ja   ~ nein
    Delikt
    Tatumstände
    Erfahrungen mit deutschen Gerichten/dem Justizsystem
    Straferwartungen
    erfahrene Sanktionen
6. Haftrelevantes Delikt
    Art
    Tatumstände
    Erfahrungen mit deutschen Gerichten/dem Justizsystem

Straferwartungen
7. Wurde vor Haftantritt U-Haft verhängt?

~ ja   ~ nein

Dauer

Gründe

8. Wurde ein Verteidiger bestellt?

~ nein   ~ ja, Pflichtverteidiger   ~ ja, Wahlverteidiger

Zeitpunkt der Bestellung

9. Erlebte Unterschiede der Justiz im Herkunftsland vs. in Deutschland

IX. Erfahrungen mit Integrationsmaßnahmen

1. Welche Maßnahmen/Angebote wurden in Anspruch genommen?

Vor der Haft

In der Haft

2. Wie sind die Erfahrungen mit den Maßnahmen/Angeboten?

Persönlich

Im Bekanntenkreis

3. Wurde ein Sprachkurs besucht?

im Herkunftsland	~ ja	~ nein
in Deutschland vor der Haft	~ ja	~ nein
in der Haft	~ ja	~ nein

Bewertung der Sprachkurse: ....

X. Mitwirkung in Ausbildung und Fördermaßnahmen im Vollzug

1. Teilnahme an Ausbildungsmaßnahmen
2. Einstellung zu den Ausbildungs- und Resozialisierungsmaßnahmen
3. Vollzugslockerungen
4. Disziplinarmaßnahmen
5. Einstellung zum Vollzug
6. Einstellung zum Vollzugspersonal
7. Kontakt zu anderen Mitgefangenen aus dem Herkunftsland
8. Größe der Gruppe

XI. Deutschkenntnisse

(vom Interviewer zu beurteilen)

~ keine oder nur bruchstückhaft

~ rudimentäre Kenntnisse, die Interview in Muttersprache nötig machen

~ gute Kenntnisse, nur wenig Übersetzungshilfe nötig
~ gute Sprach- und Ausdruckfähigkeit in deutsch
~ nahezu akzentfreie deutsche Sprache